幸福の花束

平和を創る女性の世紀へ

池田大作先生指導集

JN152459

Bouquets of Happiness

池田大作先生夫妻

池田先生の導師で厳粛に行われた
広宣流布大誓堂の落慶入仏式（2013年）

広宣流布

SＧＩの婦人部・女子部へ
池田香峯子ＳＧＩ名誉女性部長が贈ったメッセージ
２０１６年

思えば、いつでも、主人は、広宣流布に励《はげ》みゆく友に、何か激励《げきれい》をとの一心《いっしん》で行動を重《かさ》ねてきました。

先日、たまたまヨーロッパ訪問の記録を拝見《はいけん》していましたら、主人と私が野辺《のべ》で花を摘《つ》んでいる写真がありました。１９７３年５月のものです。

当時の過密《かみつ》な日程の中で、このような時間があったかしらと記憶《きおく》をたどっておりますと、写真を撮《と》ってくれた方のメモが添《そ》えられてありました。

それは、同志との会合に向かう移動中《いどうちゅう》、何もお土産《みやげ》がないので、せめて道端《みちばた》に咲《さ》いている綺麗《きれい》な野の花をお持ちしようよと、主人が車を止《と》めてもらったひとときだったのです。

ああ、主人は、今も、このときと変わらない思いで、世界中の友に、感謝の花束を贈《おく》ろうとしているのだなと、あらためて感じました。

（抜粋）

ダイサク・イケダ・カトレア

ベネズエラSGIで活躍する姉弟が、丹精こめて育てた最高のカトレアの花に〝人生の師匠への最大の感謝を込めて〟と、池田先生の名前をつけた。

この「ダイサク・イケダ・カトレア」は、2004年と2006年の全国蘭コンテストで、見事、「ベネズエラ最優秀カトレア」に輝き、「ベネズエラ蘭協会」に正式に登録されている。

ベネズエラの国花は、「花の王者」と謳われる蘭、カトレアは蘭の一種。

香峯子蘭

（デンドロビューム・カネコ・イケダ）

「シンガポール国立植物園」が、新種の蘭に。「世界平和の推進への無私の貢献」を讃え、池田香峯子夫人の名を命名した（2007年2月27日）。

新種の蘭の名は、「デンドロビューム・カネコ・イケダ」。

蘭はシンガポールの国花で、デンドロビュームはラン科の1つ。

この〝香峯子蘭〟は「イギリス王立園芸協会」が管理する「サンダーズ・リスト」に登録されている。

発刊に寄せて

その日、会場に、鮮《あざ》やかな大輪《たいりん》の白ゆりを生《い》けてくれた陰《かげ》の心づかいを、わが恩師《おんし》・戸田城聖《じょうせい》先生は見逃《みのが》されませんでした。

一九五一年（昭和《しょうわ》二十六年）の六月十日。終戦《しゅうせん》より六年、いまだ、日々の暮《く》らしの中で花を愛《め》でるゆとりなど持てなかった、殺伐《さつばつ》とした時代です。

五十人ほどのささやかな、無名《むめい》の婦人たちの会合でした。しかし、経済苦や子どもの病気、姑《しゅうとめ》とのあつれきなど、現実生活の悩みに直面《ちょくめん》しながらも、自他共《じたとも》の幸福を願って懸命《けんめい》に奔走《ほんそう》していた、最《もっと》も尊貴《そんき》な女性たちです。その一人、釜山《プサン》出身の女性は、朝鮮戦争（韓国動乱《どうらん》）に引《ひ》き裂《さ》かれた祖国《そこく》の平和と民衆の安穏《あんのん》を祈《いの》ってやまない熱情《ねつじょう》を、切々《せつせつ》と吐露《とろ》されました。

戸田先生は、慈父《じふ》の如《ごと》く皆を励《はげ》まされ、集《つど》いの結《むす》びに、香《かお》りも高き卓上《たくじょう》の白ゆりの花に託《たく》して、和歌を詠《よ》まれたのです。

御本仏・日蓮大聖人は、「此《こ》の経は女人成仏《にょにんじょうぶつ》を手本《てほん》としてとかれたり」（御書一三一一ジ《ペー》）と明確《めいかく》に仰《おお》せになられました。

万人《ばんにん》の成仏《じょうぶつ》のために明《あ》かされた「法華経」の根幹《こんかん》は、女人《にょにん》の成仏《じょうぶつ》です。一切衆生《さいしゅじょう》の幸福という究極《きゅうきょく》の哲理《てつり》の花を咲《さ》き薫《かお》らせゆく太陽は、まぎれもなく妙法を信受《しんじゅ》する女性の生命にこそあります。

この大聖人のお心に直結《ちょっけつ》して、希望の太陽を、日々、輝《かがや》き光《ひか》らせながら、幸福の花束を、一人また一人へと贈《おく》り続《つづ》けてきたのが、創価学会婦人部なのであります。

「幸福の花束」とは、何があっても負けない「信心の花束」です。

結成より六十五星霜《せいそう》の婦人部の歩みは、法華経に説《と》かれる「悪口罵詈《あっくめり》」「猶《ゆ》多怨嫉《たおんしつ》」の難《なん》を師とともに耐《た》え抜《ぬ》き、乗り越えながらの前進でありました。

「三障四魔《さんしょうしま》」の嵐《あらし》が吹《ふ》き荒《あ》れる中で、私たちは「開目抄」の一節を心肝《しんかん》にそめました。

「我並《われなら》びに我が弟子・諸難《しょなん》ありとも疑《うたが》う心なくば自然《じねん》に仏界《ぶっかい》にいたるべし、天《てん》の加護《かご》なき事《こと》を疑《うたが》はざれ現世《げんせ》の安穏《あんのん》ならざる事をなげかざれ、我が弟子に朝夕《ちょうせき》教えしかども・疑いを・をこして皆《みな》すてけん　つたなき者《もの》のならひは約束せし事を・まことの時はわするるなるべし」（御書二三四ジペー）

大変であればあるほど、〝今こそ「まことの時」ですね〟と歯を食いしばって、学会と苦楽《くらく》を分かち、不退《ふたい》の心を燃《も》え上《あ》がらせてくれた母たち、女性たちありて、今日の広宣流布《こうせんるふ》の大発展があります。

その共戦《きょうせん》の友どちが常楽我浄《じょうらくがじょう》の功徳《くどく》に包《つつ》まれゆく姿《すがた》ほど、私と妻にとってうれしいものはありません。

先日も、「聖教新聞」で、はつらつと麦わら帽子《ぼうし》をかぶった、四国・徳島県の母のなつかしき笑顔《えがお》を拝見《はいけん》しました。一九八〇年（昭和五十五年）の五月、「さんふらわあ7」号で海を越えて、神奈川文化会館に来てくれた忘れ得ぬ同志の一人です。

戦争の空襲《くうしゅう》を生《い》き抜《ぬ》き、九十三歳になった今もかくしゃくと、「命ほど大切なものはありません」と平和の尊《とうと》さを訴《うった》えられています。蛍《ほたる》が光《ひか》り舞《ま》いゆく、その名も「母川《ははがわ》」と呼ばれる清流《せいりゅう》に恵《めぐ》まれた舞台《ぶたい》で、立派《りっぱ》な後継《こうけい》の娘さん夫妻と一緒に、生き生きと生命尊厳《せいめいそんげん》の仏法を語《かた》り抜《ぬ》いてこられました。

後輩の婦人部の皆さんも、この母の体験記事を携《たずさ》えて、地域の方々《かたがた》と大いに友好対話をはずませました。「人生のお手本のような人やなあ」「私も頑張らな。しんどいとか言われんなあ」と共感《きょうかん》の輪《わ》は、さらに大きく広がっているといいます。

それは、気高《けだか》き多宝《たほう》の生命の光彩《こうさい》が、蛍《ほたる》の舞《まい》のように愛する郷土《きょうど》にまたたき広がっていく喜《よろこ》びとロマンの劇《げき》といってよいでしょう。

日本中、そして世界各地、いずこにも、自行化他《じぎょうけた》の題目を唱《とな》え抜《ぬ》きながら、地道《じみち》に誠実《せいじつ》に、地域の立正安国《りっしょうあんこく》に尽力《じんりょく》する幸福責任者の女性たちがいます。

今年の四月に起こった熊本《くまもと》地震に際《さい》しても、自《みずか》ら被災《ひさい》されたにもかかわらず、近隣《きんりん》の一人《ひとり》暮《ぐ》らしの年配《ねんぱい》の方《かた》、また病気で動けない方などのために、直《ただ》ちに行動を開始《かいし》した母たちの存在《そんざい》がありました。

私と妻が長年《ながねん》、見守《みまも》っている女性は、女子部時代に同志と広布に生《い》き抜《ぬ》くことを約《やく》し合《あ》った〝白菊《しらぎく》の誓《ちか》い〟のまま、家族の難病《なんびょう》にも、度重《たびかさ》なる豪雨災《ごううさい》害《がい》にも負《ま》けずに奔走《ほんそう》してきました。今回も、震災《しんさい》の直後《ちょくご》から阿蘇《あそ》白菊会館に一時避難《いちじひなん》された被災者《ひさいしゃ》の方々《かたがた》の支援《しえん》と激励《げきれい》に全力であたってくれたのです。

創価の女性が毅然《きぜん》と掲《かか》げる「幸福の花束」は、即《そく》「勇気の花束」です。

私が対談を重ねて《かさ》きたインドの母バラティ・ムカジー博士（ラビンドラ・バラティ大学元副総長）も、母上から受《う》け継《つ》いだ勇気を大切にされていました。

博士が悩《なや》みに直面《ちょくめん》すると、お母様は、師と仰《あお》ぐタゴールの作品を読むように、そして師を支《ささ》えとして、どんな悲哀《ひあい》からも立《た》ち上《あ》がるようにと勇気づけてくれたというのです。

ムカジー博士が逝去《せいきょ》される前に、敬愛《けいあい》する創価学会インタナショナルの女性たちに贈《おく》りたいと詠《よ》み上《あ》げてくださったタゴールの一詩《いっし》があります。

「我《われ》を危難《きなん》より救《すく》い給《たま》えと
祈《いの》るのではありません
危難に直面《ちょくめん》する我に
恐《おそ》れぬ力《ちから》を与《あた》え給《たま》えと祈《いの》るのです

悲《かな》しみで胸《むね》が張《は》り裂《さ》けそうな時に
慰《なぐさ》めて頂《いただ》かなくともよいのです
苦《くる》しみを乗《の》り越《こ》える力《ちから》を
我《われ》に与《あた》え給《たま》えと祈《いの》るのです」と。

いかなる苦難《くなん》も恐《おそ》れない「勇気の祈り」。どんな逆境《ぎゃっきょう》にもゆるがない「確《かく》信《しん》の祈り」。あらゆる試練《しれん》を逆転《ぎゃくてん》勝利のドラマへと転《てん》じゆく「常勝《じょうしょう》の祈り」――この祈りに立《た》った母を中心とする励《はげ》ましの絆《きずな》こそ、家庭にあっても、地域にあっても、世界にあっても、「絶対勝利」の門を開きゆく、かけがえのない宝《たから》ではないでしょうか。

母たちの「幸福の花束」は、縁《えん》する皆《みな》に歓喜《かんき》と希望と和楽《わらく》をもたらします。「御義口伝《おんぎくでん》」に「桜梅桃李《おうばいとうり》の己己《ここ》の当体《とうたい》を改《あらた》めずして」（御書七八四ページ）と仰《おお》せのように、それぞれに個性豊《こせいゆた》かな人華《にんげ》を咲《さ》き薫《かお》らせ、友情と信頼の花園《はなぞの》を織《お》りなしていきます。

身近な一人を大切に慈《いつく》しむ「誠実《せいじつ》な行動力」。

温《あたた》かな優《やさ》しさで友に寄《よ》りそう「慈愛《じあい》の包容力《ほうようりょく》」。

皆《みな》を笑顔《えがお》にしてともに前へ進みゆく「快活《かいかつ》な対話力」。

まさしく、創価の女性たちが、ありのままの振《ふ》る舞《ま》いで体現《たいげん》しているヒューマニズムが、二十一世紀を「平和と人道の世紀」へと、いよいよ香《かお》りも高く光輝《こうき》あらしめていくことを、私は信じてやみません。

偉大《いだい》なる婦人部の皆様《みなさま》一人ひとりに、私は妻と、満腔《まんこう》の感謝と敬意《けいい》の花束をささげる思いで、健康あれ！　長寿《ちょうじゅ》であれ！　ご多幸《たこう》であれ！　と、朝な夕な、ひたぶるに題目を送《おく》っています。

そして、次の世代《せだい》にも、その次の世代にも、さらに未来永遠にわたって、「幸福の花束」を託《たく》しゆかれることを、最敬礼《さいけいれい》してお願《ねが》いしつつ、本書《ほんしょ》の序《じょ》とさせていただきます。

幸福の
花束 贈《おく》らむ
今日《きょう》もまた
友の生命《いのち》に
希望を咲《さ》かせて

二〇一六年七月十二日

池田 大作

第四章　長編詩

婦人部の歩み

装幀　伊田優子

一、本書は、「聖教新聞」（一九九五年〜二〇一三年）に掲載された池田大作先生の随筆、メッセージ、小説『新・人間革命』、長編詩等の中から『池田大作先生指導集　幸福の花束』として収録したものです。

一、本文については、読みやすくするために、漢字をひらがなにしたものもあります。

一、各編に表記した年月日については、随筆は掲載日を、メッセージ、長編詩は執筆された日を記しました。

一、御書の引用は、『新編　日蓮大聖人御書全集』（創価学会版、第二六六刷）を（御書〇〇㌻）と表記しました。

一、法華経の引用は、『妙法蓮華経並開結』（創価学会版、第二版）を（法華経〇〇㌻）と表記しました。

一、引用および参照した箇所には、番号を付け、編末に書籍名等を明記しました。

一、編集部による注は（＝　）と記しました。

一、肩書、名称、時節等については、掲載時のままにしました。

※各章扉の写真は、池田先生が折々に撮影したものです。

第一章 随筆

人間世紀の母の曲（上）

今日《きょう》も平和と幸福の種《たね》を蒔《ま》こう

二〇一一年六月二十四日

崇高《すうこう》な
元初《がんじょ》の太陽
貴女《あなた》たち
慈愛《じあい》で包《つつ》めや
あの人　この人

新生《しんせい》の太陽が昇《のぼ》った。世界第一の平和と幸福のスクラムである、わが婦人部の結成六十周年《けっせい》（二〇一一年）の六月。

「年は・わかうなり福《ふく》はかさなり候《そうろう》べし」（御書一一三五ジペー）との御聖訓《ごせいくん》の通り、創価の母たちは、いよいよ若々《わかわか》しく、ますます福運《ふくうん》に満《み》ち満ちて、前進している。

全国、全世界で、婦人部総会が活発《かっぱつ》だ。毎日のように歓喜《かんき》と決意《けつい》に弾《はじ》ける報告を頂戴《ちょうだい》している。

東日本大震災《だいしんさい》の被災《ひさい》地域でも、母たちは健気《けなげ》に、また「負《ま》げでたまっか！」「負げでらんね」と励《はげ》まし合《あ》って集《つど》っておられる。

私と妻は合掌《がっしょう》する思いで伺《うかが》い、皆様《みなさま》のご多幸《たこう》を懸命《けんめい》に祈《いの》っている。

アフリカのケニアからも、婦人部の記念の大会が明るく有意義《ゆういぎ》に行《おこな》われた様子《ようす》を伝《つた》えていただいた。会場は、名門《めいもん》ナイロビ大学の会議場《かいぎじょう》である。多くの来賓《らいひん》や友人が賑《にぎ》やかに集《つど》われ、二人の婦人部の方の感動的《かんどうてき》な体験発表《たいけんはっぴょう》に続《つづ》き、「母」の歌の合唱《がっしょう》、ダンスが披露《ひろう》された。

さらに、高名《こうめい》な国際弁護士《こくさいべんごし》が〝アフリカにおける女性の人権《じんけん》〟について講演《こうえん》され、SGI（創価学会インタナショナル）の草《くさ》の根《ね》の運動に深《ふか》い期待《きたい》を寄《よ》せてくださった。

いずこの天地《てんち》でも、妙法《みょうほう》の女性は確《たし》かな平和と幸福の調《しら》べを奏《かな》でつつ、「最善《さいぜん》の喜《よろこ》び」を創《つく》り広げている。その生命の歓喜《かんき》の光《ひかり》は、向こう三軒両隣《さんげんりょうどなり》の地域や、身近《みぢか》な市町村《しちょうそん》から、大きくは人類《じんるい》社会まで、生き生きと照《て》らしていくのだ。

＊

婦人部結成《けっせい》の時、戸田城聖《じょうせい》先生は詠《よ》まれた。

白ゆりの
　香《かお》りも高き
　　集《つど》いかな
心の清《きよ》き
　　友どちなれば

創価の「白ゆり」と咲《さ》き出《い》でた婦人部を、恩師《おんし》は最大に慈《いつく》しまれていた。

五十五年前（昭和《しょうわ》三十一年）の六月、歴史《れきし》に燦《さん》たる〝大阪の戦《たたか》い〟の大前進のなか、戸田先生と私は、中之島《なかのしま》の中央公会堂《ちゅうおうこうかいどう》で意気高《いきたか》く行《おこな》われた大阪・堺支《さかい》部合同の婦人部総会に出席《しゅっせき》した。

戸田先生は、広宣流布という正義の前進には、大難《だいなん》の嵐《あらし》のあることを示《しめ》され、こう指導を結《むす》ばれた。

「たとえどのような三障四魔《さんしょうしま》が起《お》ころうとも、われわれは断《だん》じて信仰《しんこう》をやりとげ、おたがいに助《たす》けあい、迷《まよ》うことなく幸福な生活を一日一日と築《きず》きあげていこうではないか」

どんな難《なん》が襲《おそ》いかかってこようとも「負《ま》けたらあかん」という関西魂《だましい》の炎《ほのお》を、恩師《おんし》はいち早く婦人部の心に灯《とも》されていたのである。

この日、私は申《もう》し上《あ》げた。

「大阪中の市民からも慕《した》われるような立派《りっぱ》な信心を貫《つらぬ》いて、花にも負けず、美しく咲《さ》き誇《ほこ》る活動を！」
これが、恩師《おんし》と私の二人で出席《しゅっせき》した、忘《わす》れ得《え》ぬ婦人部総会となった。

〽母よ　あなたは
なんと不思議《ふしぎ》な　豊富《ゆたか》な力《ちから》を
もっているのか……

過日《かじつ》の婦人部幹部会（本部幹部会）の席上《せきじょう》、男女青年部の「しなの合唱団《がっしょうだん》」「富士《ふじ》合唱団」が、偉大《いだい》な母たちへの感謝を込《こ》めて、美しいハーモニーで「母」の歌を捧《ささ》げてくれた。婦人部「白ゆり合唱団」による、愛唱歌《あいしょうか》「今日《きょう》も元気で」等のコーラスも本当に美事《みごと》であった。
来る日も来る日も、生《い》き抜《ぬ》く力《ちから》、負《ま》けない力を示《しめ》して母たちは進んだ。民衆《みんしゅう》勝利の創価の大前進は、まさしく母の「不思議《ふしぎ》な豊富《ゆたか》な力」のお陰《かげ》であった。

母よ！　あまりにも尊《とうと》き母たちよ、ありがとう！

私が長編詩《ちょうへんし》「母」を発表《はっぴょう》したのは、婦人部結成《けっせい》二十周年にあたる一九七一年（昭和四十六年）の十月四日、大阪市で行《おこな》われた関西婦人部幹部会である。

この長編詩から抜粋《ばっすい》して、曲がつき、「母」の歌が誕生《たんじょう》したのは、その五年後のことであった。

このたび結成六十周年を記念し、「母」の歌碑《かひ》が創価世界女性会館に設置《せっち》され、新《あら》たな、そして大きな喜《よろこ》びが広がっている。


四月、東北の被災地《ひさいち》でも、東日本大震災後初の創価家族の座談会が開催《かいさい》された。

宮城県のある座談会——参加者《さんかしゃ》が皆《みな》、ありったけの思いを語った最後に、壮年リーダーが、鞄《かばん》からそっと小さな包《つつ》みを取り出した。ハーモニカだった。

「婦人部の皆さんのために感謝を込《こ》めて、演奏《えんそう》させていただきます」

ハーモニカから流《なが》れ始めたのは「母」の曲であった。

空や雲と語らうように、コスモスの花が咲き誇る。3·11の大震災の時、津波で2階まで浸水した宮城県・気仙沼会館で見つかった水没を免れた写真額。この花は同志・母たちにとって苦難に屈せぬ、希望の花となった（池田先生撮影。長野にて）

彼自身も、お母さんの吹《ふ》くハーモニカに励《はげ》まされてきたのだという。ハーモニカが奏《かな》でる「母」の清《きよ》らかな調《しら》べは、優《やさ》しく、懐《なつ》かしく、座談会場を包んだ。

頷《うなず》きながら耳を傾《かたむ》ける友、小声《こごえ》で口《くち》ずさむ友、聴《き》き入《い》るうちに涙《なみだ》ぐむ友……やがて、何ものにも負《ま》けぬ尊《とうと》き母の心を思い、皆の目が明るく輝《かがや》いていった。

「母の人生は苦労《くろう》の多い人生だったけれど、とても勇敢《ゆうかん》で、喜《よろこ》んで他《た》人《にん》のために尽《つ》くす人だった。いまわ

たしたちはその母のために生きなければならない」(1)

これは、『若草物語《わかくさものがたり》』で有名《ゆうめい》なアメリカの作家オルコットの言葉である。

＊

日蓮大聖人は、千日尼《せんにちあま》に「此《こ》の度大願《たびだいがん》を立《た》て後生《ごしょう》を願《ねが》はせ給《たま》へ」(御書一三〇八ジペー)と仰《おお》せになられた。

荒《あ》れ狂《くる》う濁世《じょくせ》にあって、地域の友を抱《だ》きかかえて悪戦苦闘《あくせんくとう》する女性リーダーを励《はげ》まされた御聖訓《ごせいくん》である。

広宣流布の大願《だいがん》を立て、自他共《じたとも》に未来永遠《えいえん》の幸福境涯《きょうがい》を勝ち開いていく――この御本仏《ごほんぶつ》が示《しめ》された道を、婦人部は晴《は》れ晴《ば》れと進んでいる。

天《てん》までも

轟《とどろ》きわたらむ

母たちの
祈《いの》りの深《ふか》きは
仏《ほとけ》と等《ひと》しく

「祈《いの》りからすべては始まる」とは、婦人部「実践《じっせん》の五指針《ししん》」の第一項である。今日《きょう》も母は真剣《しんけん》に祈《いの》る。深き祈りから、今日一日を始める。決意《けつい》の祈りを心に抱《いだ》いて今日を走る。

母は祈《いの》る。強盛《ごうじょう》に、また決然《けつぜん》として祈る。夫《おっと》の健康を祈り、子の成長を祈り、家族の幸福を祈る。地域の友の活躍《かつやく》と無事《ぶじ》を祈る。「事故《じこ》がないことが勝利!」と、絶対無事故を祈る。今日《きょう》の安穏《あんのん》を祈り、明日《あした》の平和を祈る。

「いつも祈《いの》っている母の姿《すがた》が胸《むね》から離《はな》れません」と涙《なみだ》を浮《う》かべる青年がいた。

母の祈《いの》りには、限界《げんかい》がない。行き詰《づ》まりもない。臆病《おくびょう》も弱々《よわよわ》しい迷《まよ》いもない。ひたぶるな祈りの底《そこ》には、絶望《ぜつぼう》やあきらめを追《お》い払《はら》う勇気が燃《も》えている。

妙法《みょうほう》の祈《いの》りは、断《だん》じて勝つという誓願《せいがん》だ。祈ったその時に、すでに未来の勝利を深《ふか》く決《けっ》するのである。

「因果倶時《いんがぐじ》・不思議《ふしぎ》の一法《いっぽう》」（御書五一三ページ）をこの身《み》に行《ぎょう》じゆくのだ。

大聖人は、厳然《げんぜん》と約束《やくそく》くださっている。

「大地はささばはづ《外》るるとも虚空《おおぞら》をつなぐ者はありとも・潮《しお》のみちひ《満干》ぬ事《こと》はありとも日は西より出《い》づるとも・法華経の行者《ぎょうじゃ》の祈《いの》りのかな《叶》はぬ事はあるべからず」（御書一三五一ページ）

これが「法華経の行者《ぎょうじゃ》の祈《いの》り」である。

大地や大空をも、また大海《たいかい》や太陽をも、わが友の如《ごと》く励《はげ》まし、動《うご》かしゆくような絶対勝利の力《ちから》――その大功力《だいくりき》を師弟不二《していふに》で証明《しょうめい》してきた信心の女王《じょうおう》こそ、尊《とうと》き創価の婦人部なのである。

瞬時《しゅんじ》も止《と》まることなく、大宇宙《だいうちゅう》を回転《かいてん》する青き地球《ちきゅう》は、この偉大《いだい》な母たちの題目に包《つつ》まれているのだ。

*

私は、かねてより二十一世紀のビジョンを多次元《たじげん》から提唱《ていしょう》してきた。

「アフリカの世紀」

「女性の世紀」

「人権《じんけん》の世紀」

「対話の世紀」

「教育の世紀」

「生命の世紀」……。

冷笑《れいしょう》する人も多かった。しかし私は、未来を見つめ、善《ぜん》の種《たね》を蒔《ま》いてきた。御金言《ごきんげん》には「物《もの》だね《種》と申《もう》すもの一なれども植《う》えぬれば多くとなり」（御書九七一ページ）と仰《おお》せである。

祈《いの》りを込《こ》めて種《たね》を蒔《ま》き、大切に守《まも》り育《はぐく》む。それはそれは、想《そう》像《ぞう》を絶《ぜつ》する労作業《ろうさぎょう》である。だが、この地道《じみち》な努力《どりょく》の積《つ》み重《かさ》ね以外に、広宣流布の大樹《たいじゅ》を育《そだ》てることはできない。

私とともに、喜《よろこ》び勇《いさ》んで、来る日も来る日も、仏縁《ぶつえん》を広げ、一つ、また一つと種《たね》を蒔《ま》き続《つづ》けてこられたのが、婦人部の皆様方《みなさまがた》である。

どんなに悪口罵詈《あっくめり》されようとも、挫《くじ》けず、弛《たゆ》まず、そこに希望の種《たね》を、ここに友情《ゆうじょう》の種を、あそこに平和の種を――と民衆《みんしゅう》の大地に蒔《ま》いてくださった。いな、粘《ねば》り強《づよ》く発芽《はつが》を促《うなが》し、育《はぐく》んでいかれたのである。

あらゆる善《ぜん》の価値《かち》の花を咲《さ》かせながら、皆が幸福に輝《かがや》く並木路《なみきみち》を、私たちは全《ぜん》力《りょく》で創《つく》り開いてきた。

今、誰人《たれびと》も考えられなかった世界広布《こうふ》の大発展《だいはってん》を遂《と》げ、二十一世紀の平和と文化と教育のビジョンも実現《じつげん》し始めている。

これからも、創価の母たちの「誠実《せいじつ》」と「根性」と「賢《かしこ》さ」と「忍耐強《にんたいづよ》さ」がある限《かぎ》り、いよいよ広宣流布の勝利の大輪《たいりん》が咲《さ》き薫《かお》っていくに違《ちが》いない。

「真剣《しんけん》」――この二字で、我《われ》らは勝っていくのだ。

いついつも
世界の果《は》てまで
喜《よろこ》びを
走れ舞《ま》いゆけ
種蒔《たねま》く母よ

（1）『ルイーザ・メイ・オールコットの日記』（宮木陽子訳、西村書店）、編者ジョーエル・マイヤースン＆ダニエル・シーリーの「注」から。

人間世紀の母の曲（下）
地球に希望のコスモスの花園《はなぞの》を

二〇一一年六月二十五日

晴《は》れ晴《ば》れと
広布《こうふ》の夜明《よあ》けを
つくりたる
偉大《いだい》な母をば
諸仏《しょぶつ》は守《まも》らむ

「創価学会は永遠《えいえん》に民衆《みんしゅう》の側《がわ》に立つ」――私たちが幾《いく》たびとなく確認《かくにん》してきた根本精神《こんぽんせいしん》である。

それを具体的《ぐたいてき》な行動でいえば、「母を守《まも》る」「婦人部を大切にする」ということにほかならない。

*

〽母よ　わが母
風雪《ふうせつ》に耐《た》え　悲《かな》しみの合掌《いのり》を
繰《く》り返《かえ》した　母よ……

先師《せんし》・牧口常三郎《つねさぶろう》先生と同時代を生《い》き抜《ぬ》いた、ドイツの一人の母がいる。ケーテ・コルビッツ（一八六七年〜一九四五年）という画家《がか》である。

彼女は、第一次世界大戦で出征《しゅっせい》した最愛《さいあい》の子息《しそく》を失《うしな》った。第二次大戦では孫《まご》も戦死《せんし》。彼女自身、晩年《ばんねん》はナチスの弾圧《だんあつ》を耐《た》え抜《ぬ》きながら、創作《そうさく》活動に奮進《ふんしん》した。子息《しそく》の死後《しご》の制作《せいさく》では、「母と子」や「母たち」を表現《ひょうげん》した作品が多数《たすう》ある。何ものかからわが子を守《まも》ろうと、大きな腕《うで》で抱《だ》きかかえる母。亡《な》くなった子どもを抱きしめる母……。

互《たが》いに身《み》を寄《よ》せ合《あ》い、大きな腕《うで》を組《く》んで守《まも》り合い、一つに団結《だんけつ》した母たち。そのスクラムの間《あいだ》から子どもたちの顔も見える。女性が両腕《りょううで》の下に、いとけない子どもたちを守る絵には、「種子《たね》を粉《こな》にひくな」と題《だい》されている。

わが子を守《まも》ってやりたかった！　残酷《ざんこく》な戦争《せんそう》になど行かせたくなかった！　その叫《さけ》びは、後継《こうけい》の種子《しゅし》である子どもたちを守《まも》り抜《ぬ》かんとする、すべての母たちの願《ねが》いとなる。

「共通《きょうつう》の悲《かな》しみこそ、相互《そうご》の理解《りかい》を深《ふか》めるものだ」(1)と彼女は言った。「同苦《どうく》」の心が、母たちの生命尊厳《そんげん》の連帯《れんたい》の根拠《こんきょ》ともなるのだ。

中国の大文豪《だいぶんごう》・魯迅《ろじん》も、彼女の作品《さくひん》に「慈母《じぼ》の愛」(2)による戦《たたか》いを見《み》、大変に尊《そん》敬《けい》していた。

コルビッツの作品《さくひん》は、母の叫《さけ》びを凝結《ぎょうけつ》し、平和の願《ねが》いで人びとを結《むす》びつける、平和の芸術《げいじゅつ》となったのである。

——私の母は、終戦《しゅうせん》から二年後、長兄《ちょうけい》の戦死《せんし》を知らされた。その死亡通知《しぼうつうち》を握《にぎ》りしめ、部屋《へや》の隅《すみ》で小さな背中《せなか》を震《ふる》わせていた母の悲《かな》しみの姿《すがた》は、決《けっ》して忘《わす》れることはできない。

私は思う。あの時、母はわが子を、その腕《うで》に抱《だ》きしめていたのだと。

母の愛は、あまりにも深《ふか》い。その母を苦しめ、悲《かな》しませ、子どもの未来を奪《うば》い去《さ》っていく、戦争《せんそう》をはじめ、あらゆる暴力《ぼうりょく》に、私たちは断《だん》じて反対《はんたい》する。

世界の平和、人類《じんるい》の幸福といっても、母を大切にし、心から感謝するところから始まると、私は叫《さけ》ばずにはいられない。

今、ドイツで、日本で、そして世界で、わが創価の女性たちが力強《ちからづよ》く平和のスクラムを広げている。その希望の大行進《だいこうしん》を、皆《みな》がまぶしく見つめている。

戦時中《せんじちゅう》、特高警察《とっこうけいさつ》に押収《おうしゅう》された牧口先生の「御義口伝《おんぎくでん》」に、傍線《ぼうせん》が引かれた一節《いっせつ》がある。「男女《なんにょ》の中には別《べっ》して女人《にょにん》を讃《ほ》めたり女人を指《さ》して者《しゃ》と云《い》うなり」（御書七七八ジペー）との仰《おお》せである。

日蓮大聖人は、〝法華《ほっけ》の名《みな》を受持《じゅじ》せん者《もの》を擁護《おうご》せんすら、福《ふく》は量《はか》る可《べ》からず〟の経文《きょうもん》の「者《しゃ》」の一字について、これは、妙法《みょうほう》を受持した女性を讃《たた》えて言われたものであると断言《だんげん》されたのであった。

私は先師《せんし》の魂《たましい》とともに、厳粛《げんしゅく》に拝《はい》して心肝《しんかん》に染《そ》めた。

＊

今から半世紀ほど前、アメリカ黒人《こくじん》の差別撤廃《さべつてっぱい》と民主《みんしゅ》主義を拡大《かくだい》した公民権《こうみんけん》運動においても、どれほど女性の力《ちから》が重要《じゅうよう》であったか。

私が対談《たいだん》した歴史学者《れきしがくしゃ》のハーディング博士が述懐《じゅっかい》しておられた。

「解放運動《かいほう》」は「草《くさ》の根《ね》レベルの地域活動を拠《よ》り所《どころ》にしていたために、女性たちが運動の中心的な存在《そんざい》となっていたのです」と。

最前線《さいぜんせん》で献身的《けんしんてき》に動《うご》き、人びとに語りかけ、我慢強《がまんづよ》く一人また一人と糾合《きゅうごう》していった原動力《げんどうりょく》こそ、女性であった。この女性たちの、地に足のついた行動がなかったら、誰《だれ》も集会《しゅうかい》や行進《こうしん》に集《あつ》まらなかったし、何も進まなかったであろうと、博士は言われていた。

さらにハーディング博士は、こう強調《きょうちょう》された。

「新しい現実をもたらすためには〝私たちにはできるのだ〟と声を大にして励《はげ》まし合《あ》うことが大切です」

その一つの方法《ほうほう》として、博士が具体的《ぐたいてき》に提唱《ていしょう》されていたのが「互《たが》いの体験《たいけん》に耳を傾《かたむ》けること」であった。

それはなぜか。「体験《たいけん》を共有《きょうゆう》することによって、地域の中に励《はげ》ましの輪《わ》を築《きず》くことができる」。さらに「自分の地域を超《こ》えた人びとにも、励ましを送《おく》ることができる」からである。

創価の母たちが、地域に根差《ねざ》し、顔の見える「グループ」という小さな人の輪《わ》を基盤《きばん》として、楽しく朗《ほが》らかに、語らいを広げゆく意義《いぎ》は、まことに大きい。

婦人部の五指針《ししん》にも「地域と社会を大切に」「生き生きと体験《たいけん》を語る」とある。

希望と確信《かくしん》の声を！　誠実《せいじつ》と思いやりの行動を！

「無縁《むえん》社会」と憂慮《ゆうりょ》される冷《つめ》たい社会に、信頼《しんらい》と尊敬《そんけい》の暖《あたた》かき太陽の光《ひかり》を燦々《さんさん》と注《そそ》ぐのだ。それは「仏縁《ぶつえん》」を結《むす》び、「仏《ほとけ》の種子《しゅし》」を蒔《ま》いていく、尊《とうと》き「仏の仕事」といってよい。

＊

婦人部の五指針の一つに「後継《こうけい》の人材《じんざい》を伸《の》ばす」と謳《うた》われている。

恩師《おんし》が第二代会長就任《しゅうにん》の一カ月後に、婦人部を結成《けっせい》され、その直後《ちょくご》に男女青年部を結成されたのも、不思議《ふしぎ》なリズムである。母の大地からこそ、後継《こうけい》の青年部、未来部が羽《は》ばたくのだ。

先月、支部結成《けっせい》五十周年を迎《むか》えた奈良で、記念の総会があった。嬉《うれ》しいことに、九十八歳になられた、初代《しょだい》婦人部長も元気に参加《さんか》された。

聖教新聞に掲載《けいさい》された、歴代《れきだい》の婦人部長と一緒《いっしょ》の記念写真を、私も妻と心から懐《なつ》かしく拝見《はいけん》した。

この〝奈良広布《こうふ》の母〟の翼《つばさ》の下から、どれほど多くの後輩《こうはい》が巣立《すだ》ってきたことか。今回《こんかい》、就任《しゅうにん》した新女子部長（当時）も奈良県の出身《しゅっしん》である。誇《ほこ》りは高い。

支部結成の頃《ころ》、婦人部長の自宅《じたく》の塀《へい》に、心ない誹謗中傷《ひぼうちゅうしょう》の言葉をペンキで落書《らくが》きされたことがあった。

その時、私が送《おく》った手紙を、彼女は大切にしてくださっていたようだ。手紙には、大聖人が御自身《ごじしん》の忍難弘通《にんなんぐつう》の足跡《そくせき》を記《しる》された「報恩抄《ほうおんしょう》」の御文《ごもん》を引いた。

「いよいよ大難《だいなん》かさなる事《こと》・大風《おおかぜ》に大波《おおなみ》の起《おこ》るがごとし」（御書三二一ページ）

たとえ嵐《あらし》の黒雲《くろくも》が湧《わ》き起《お》ころとも、創価の母が厳然《げんぜん》としていれば、必《かなら》ず勝利の夜明《よあ》けがくる。その通りになった。

世界でも「青年躍進《やくしん》」の方程式《ほうていしき》は同じである。大発展《だいはってん》を続《つづ》けるインドからも明るい話題《わだい》が届《とど》いた。

東部コルカタのある地区では、五十三人のメンバーの大半《たいはん》が婦人部であった。

そこで、「わが地区を『青年学会』に！」と、皆《みな》で一大奮起《いちだいふんき》。地域の青年を励《はげ》まし、対話を重《かさ》ねた。

そして半年、実《じつ》に二十一人もの男女青年部、二十人の未来部員が誕生《たんじょう》したというのである。

青年を励《はげ》まし育《はぐく》む、母の慈愛《じあい》こそが、「青年学会」の未来を開く揺籃《ようらん》となる。

＊

三月十一日（二〇一一年）、東日本大震災《だいしんさい》の大津波《おおつなみ》で、宮城県の気仙沼《けせんぬま》会館は二階まで浸水《しんすい》したが、館内《かんない》に避難《ひなん》された方々《かたがた》は幸《さいわ》い守《まも》られた。

震災《しんさい》から一週間、周囲《しゅうい》を瓦礫《がれき》に囲《かこ》まれた会館の中に、水没《すいぼつ》を免《まぬか》れた一枚の写真《しゃしん》額《がく》があったと伺《うかが》った。

それは、〝東北婦人部の花〟である、コスモスの写真であった。（本書31ジペー）「コスモス」の語源《ごげん》は、「秩序《ちつじょ》」「飾《かざ》り」「美しい」という意味《いみ》のギリシャ語にあるという。花びらを行儀《ぎょうぎ》よく並《なら》べて凛《りん》と咲《さ》く様子《ようす》から、そう呼《よ》ばれることになったようだ。

想像《そうぞう》を絶《ぜっ》する被災《ひさい》のなかにあっても、世界中が驚《おどろ》く気高《けだか》さと秩序《ちつじょ》を示《しめ》して見せた、偉大《いだい》な東北人の「心の美《び》」を思わせる。

一方《いっぽう》で、コスモスは、台風《たいふう》などに見舞《みま》われても、倒《たお》された茎《くき》から根《ね》を出して、また立ち上がる強さを持つ花でもある。

「負《ま》けでたまっか！」を合言葉に苦難《くなん》を越《こ》えゆく、健気《けなげ》な東北婦人部の皆様《みなさま》の姿《すがた》そのものではないか。

どんな悲哀《ひあい》も胸中《きょうちゅう》に包《つつ》み込《こ》みながら、一切《いっさい》を笑顔《えがお》に変えてきた「広布《こうふ》の母」の姿《すがた》そのものではないか。

満天《まんてん》の星《ほし》が輝《かがや》く宇宙《うちゅう》のことも「コスモス」といい、同じ語源《ごげん》を持っている。私たちの生命も、また小宇宙《しょううちゅう》（ミクロコスモス）である。一人ひとりが妙法《みょうほう》という大宇宙（マクロコスモス）の妙《たえ》なるリズムを響《ひび》かせながら咲《さ》きゆく、希望のコスモスの花なのだ。

その中で、世界に普遍《ふへん》の平和と幸福の象徴《しょうちょう》が、母の笑顔《えがお》の花である。

日蓮大聖人は、遠《とお》く離《はな》れた佐渡《さど》の千日尼《せんにちあま》に、こう仰《おお》せになられた。

「我等《われら》は穢土《えど》に候《そうら》へども心は霊山《りょうぜん》に住《すむ》べし、御面《おんかお》を見てはなにかせん心こそ大切に候へ」（御書一三一六ページ《ペー》《ジ》）

どんな穢土《えど》の現実にあろうと、妙法《みょうほう》に生《い》き抜《ぬ》く師弟《してい》は、最《もっと》も美しく、最も正《ただ》しい不二《ふに》の心で、家庭《かてい》に、地域に、社会に、希望の光《ひかり》を送《おく》り続《つづ》けていける。

創価の母たちは、この世《よ》で一番深《ふか》い「異体同心《いたいどうしん》」の仲《なか》で、わが足元《あしもと》から幸福の花を爛漫《らんまん》と咲《さ》かせゆくのだ。そして、宇宙《うちゅう》（コスモス）の花である太陽の如《ごと》く、人類《じんるい》の平和の未来を照《て》らしていくのである。

〽母よ　あなたの
思想《しそう》と聡明《かしこ》さで　春を願《ねが》う
地球《ちきゅう》の上に
平安《へいあん》の楽符《しらべ》を　奏《かな》でてほしい……

今ほど、母の願《ねが》いが、皆《みな》の心に深《ふか》く響《ひび》く時はない。
今ほど、母の声が、皆《みな》に勇気を贈《おく》る時はない。
母よ、強くあれ！
尊《とうと》き婦人部よ、幸《さち》あれ！　和楽《わらく》あれ！　健康あれ！
偉大《いだい》なる「人間世紀の母」たち、万歳《ばんざい》！

不滅《ふめつ》なる
無上宝珠《むじょうほうじゅ》を
抱《だ》きしめて
この一生《いっしょう》を
勝利で飾《かざ》れや

（1）『種子を粉にひくな』鈴木マリオン訳、同光社磯部書房
（2）『魯迅全集 8』今村与志雄訳、学習研究社
※ケーテ・コルビッツについては、若桑みどり著『ケーテ・コルヴィッツ』（彩樹社）を参照。

青春の華《はな》　幸福の太陽（上）

「対話」と「励《はげ》まし」こそ平和の光源《こうげん》

二〇一二年六月二十一日

初《はじ》めに、今回の大雨による、九州の熊本、鹿児島《かごしま》、大分《おおいた》、長崎等の被害《ひがい》、そして台風《たいふう》四号による兵庫《ひょうご》、和歌山、静岡等の被害に心からお見舞《みま》いを申《もう》し上《あ》げます。梅雨《つゆ》に加《くわ》え、台風にも要注意《ようちゅうい》の昨今《さっこん》の気象《きしょう》であり、大切な皆様方《みなさまがた》の絶対の無事《ぶじ》安穏《あんのん》を、私はさらに真剣《しんけん》に祈《いの》ってまいります。

＊

「私は太陽の熱愛者《ねつあいしゃ》なのです。太陽がすべての生命の根源《こんげん》であることを知って

いるからです」(1)

ともに対談集を発刊《はっかん》した、アメリカの未来学者ヘイゼル・ヘンダーソン博士は、生命を守《まも》り、慈《いつく》しむ女性ならではの視点《してん》で、「母なる太陽」に感謝されていた。

この六月は、創価の太陽である女性たちが、いやまして光《ひか》り輝《かがや》く時だ！

婦人部と女子部の〝婦女一体《ふじょいったい》〟で、地域に大きな信頼《しんらい》の虹《にじ》を懸《か》けられている。

女子部は、6・4「世界池田華陽会《かようかい》の日」を勝ち飾《かざ》り、爛漫《らんまん》たる青春の華《はな》のように、希望の笑顔《えがお》咲《さ》く、友情《ゆうじょう》の連帯《れんたい》を拡大《かくだい》している。

そして婦人部は、6・10「婦人部の日」を記念する月間である。颯爽《さっそう》と足取《あしど》りも軽《かる》く、朗《ほが》らかに、幸福勝利へ前進する。

世界各国の婦人部・女子部の偉大《いだい》な躍進《やくしん》も、本当に嬉《うれ》しい限《かぎ》りだ。

＊

六月は、女子部の「白樺《しらかば》グループ」「華冠《かかん》グループ」の結成《けっせい》記念の月でもある。

看護《かんご》そして美容《びよう》の世界で生命を守《まも》り、磨《みが》き、輝《かがや》かせて、はつらつと活躍《かつやく》してくださっている。

婦女一体《ふじょいったい》で〝女性の日〟を祝賀《しゅくが》する地域も、総東京の豊島《としま》、荒川《あらかわ》、墨田《すみだ》、足立《あだち》、世田谷《せたがや》、江東《こうとう》、江戸川《えどがわ》をはじめ、長崎や福島、愛知《あいち》など数多い。

ちょうど、この季節《きせつ》、街角《まちかど》を彩《いろど》る紫陽花《あじさい》のように、創価の女性たちの集《つど》いは、ひときわ皆《みな》の気分《きぶん》もパッと晴《は》らしてくれる。

紫陽花《あじさい》には〝七変化《しちへんげ》〟との異名《いみょう》がある。白、青、ピンク、紫《むらさき》……色《いろ》の多彩《たさい》さに加《くわ》え、同じ花でも様々《さまざま》に色変《いろが》わりをするからだ。

あの友、この友の心に光《ひかり》を当《あ》て、多彩に励《はげ》ましと希望の花々を送《おく》る、創価の座談会のようでもある。

紫陽花《あじさい》は多くの〝市区町村《しくちょうそん》の花〟としても親《した》しまれている。神戸市《こうべし》や福井市、神奈川・相模原市《さがみはらし》、群馬《ぐんま》・渋川市《しぶかわし》もそうだ。

また、昨年（二〇一一年）の大震災《だいしんさい》の被害《ひがい》を乗《の》り越《こ》えてきた千葉・旭市《あさひし》をはじめ、各地《かくち》に〝あじさいロード〟がある。

岐阜《ぎふ》・関市《せきし》の板取街道《いたどりかいどう》には、七万本もの紫陽花《あじさい》が咲《さ》き誇《ほこ》る。宮崎・美郷町《みさとちょう》にも、埼玉・加須市《かぞし》にも、色鮮《いろあざ》やかな花の道は広がる。横浜市の保土ケ谷区《ほどがやく》にある〝滝ノ川《たきがわ》あじさいロード〟も名所《めいしょ》の一つだ。

紫陽花《あじさい》の花言葉には「元気な女性」とある。いずこにあっても、苦難《くなん》に負《ま》けない女性たちの笑顔《えがお》が輝《かがや》いているに違《ちが》いない。

あの地、この地で、わが同志《どうし》は地域を愛し、信頼《しんらい》と友情《ゆうじょう》の花々を咲《さ》かせておられる。その尊《とうと》い姿《すがた》と重《かさ》ね合わせつつ、私も折《おり》にふれ、敬愛《けいあい》を込《こ》めて紫陽花《あじさい》にカメラのレンズを向けてきた。

快活《かいかつ》な
　花の如《ごと》くに
　　朝日をば

浴《あ》びて勝ちゆけ
今日《きょう》も明日《あした》も

＊

日蓮大聖人は、こう仰《おお》せになられた。

「過去に法華経の結縁強盛《けちえんごうじょう》なる故《ゆえ》に現在に此《こ》の経《きょう》を受持《じゅじ》す、未来に仏果《ぶっか》を成就《じょうじゅ》せん事疑《ことうたがい》有《あ》るべからず」（御書一三三七ジペー）と。

宿縁深《しゅくえんふか》く妙法《みょうほう》で結《むす》ばれた家族や同志《どうし》は、生死《しょうじ》を超《こ》えて、永遠《えいえん》に一緒《いっしょ》に仲良《なかよ》く「常楽我浄《じょうらくがじょう》」の旅路《たびじ》を進んでいけるのだ。

――草創《そうそう》の女子部・婦人部の尊《とうと》き使命《しめい》のリーダーであった多田時子《ただときこ》さんが、深い感謝を込《こ》めて、振《ふ》り返《かえ》っておられたことがある。

経済苦《けいざいく》や病気《びょうき》、父に続《つづ》いて母を亡《な》くした寂《さび》しさ……多田さんは、戦後《せんご》、打ち続く宿命《しゅくめい》の嵐《あらし》の中で座談会に出て、「必《かなら》ず幸福になれる」との確信《かくしん》ある励《はげ》ましに触《ふ》れた。その三度目の座談会が終《お》わって帰《かえ》ろうとした時、片隅《かたすみ》に座《すわ》っていた一人の婦人が、ポンと肩《かた》をたたいて声をかけてくれた。

「あら、まだ信心してなかったの。早くしないと損《そん》をしますよ」

会合の一参加者までも、中心者と同じ確信《かくしん》を持ち、こんなに温《あたた》かく、真剣《しんけん》に見《み》守《まも》ってくれているのか！ その庶民《しょみん》のお母さんの真心の一言《ひとこと》が背中《せなか》を押《お》してくれ、多田《ただ》さんは入会の決意が固《かた》まったというのだ。

一九五一年（昭和二十六年）夏、多田《ただ》さんが御本尊《ごほんぞん》を御安置《ごあんち》する時には、女子部の班長《はんちょう》だった私の妻も立ち会い、祝福《しゅくふく》した。以来、苦楽《くらく》を分《わ》かち合《あ》ってきた不二《ふに》の同志《どうし》である。

信心は最高の幸福の大道《だいどう》である。戦《たたか》うべき時に臆病《おくびょう》や迷《まよ》いで戦わないのは、結《けっ》局《きょく》、自分が「損《そん》」をしてしまう。思いきって戦い抜《ぬ》けば一生涯《いっしょうがい》の「得《とく》」になる。

この大事な「価値論《かちろん》」を、最前線《さいぜんせん》の母たちが完璧《かんぺき》に会得《えとく》し、実践《じっせん》している。ここに学会の強さがある。

「美《び》・利《り》・善《ぜん》」の独創的《どくそうてき》な「価値論《かちろん》」を打ち立てられたのは、創価の父・牧口常三郎《つねさぶろう》先生であられる。今月（二〇一一年六月）、生誕《せいたん》百四十一周年を迎《むか》えられた先師《せんし》も、今や世界中で、日々、偉大《いだい》な幸福の価値を創造《そうぞう》しゆく創価の女性たちの活躍《かつやく》を、心から喜《よろこ》ばれているであろう。

＊

私と妻には、日本中、世界中に〝忘《わす》れ得《え》ぬ広布《こうふ》の母たち〟がいる。

そんな懐《なつ》かしい一人として、かつて東京・北区に住《す》んでおられた婦人を思い出す。私も、お宅《たく》にお邪魔《じゃま》したことがある。

この婦人は、女子部時代の多田《ただ》さんの折伏《しゃくぶく》で入会した。清々《すがすが》しい乙女《おとめ》の確信《かくしん》が、母世代《せだい》の人生の先輩《せんぱい》の心を動《うご》かしたのである。続《つづ》いて、この母の四人のお嬢《じょう》さんも信心したことから、家には、多くの女子部員が訪《おとず》れるようになった。

面倒見《めんどうみ》のよい、この下町《したまち》の母は、いつも乙女《おとめ》たちを温《あたた》かく迎《むか》えた。時にはラーメンを作ってふるまったり、時には親身《しんみ》に悩《なや》みの相談《そうだん》も受けた。「人生、いろいろなことがあるけど、どんなことがあっても、学会についていけば、絶対に間違《まちが》いないよ」と、励《はげ》ますのが常《つね》であったそうだ。

皆《みな》も〝お母さん〟と言って慕《した》い、多くの人材が育《そだ》っていった。

この母の入会三十周年の節目《ふしめ》には、お世話《せわ》になった女子部の〝娘《むすめ》たち〟が約二十人も集《つど》い、楽しく広布《こうふ》と人生のロマンを、心ゆくまで語り合ったという。

ともあれ、婦人部と女子部が麗《うるわ》しきスクラムで前進する時、そこには広宣流布の希望のハーモニーが、幾重《いくえ》にも広がりゆくのだ。

＊

信濃町《しなのまち》の民音音楽博物館《みんおんおんがくはくぶつかん》には、スペインの大音楽家パブロ・カザルス愛用《あいよう》のピアノも展示《てんじ》されている。

人間を苦しめ、文化を破壊《はかい》する戦争《せんそう》と暴力《ぼうりょく》に抗議《こうぎ》し続《つづ》けたカザルスは、世界の母たちに呼《よ》びかけた。

「私は思うのだ。世界中の母親たちが息子《むすこ》たちに向かって、『お前は戦争で人を殺《ころ》したり、人から殺されたりするために生まれたのではないのです。戦争はやめなさい』と言うなら、世界から戦争はなくなる、と」(2)

全《まった》く、その通りである。人類《じんるい》は、真実《しんじつ》の賢者《けんじゃ》たる母たちの声に素直《すなお》に耳《みみ》を傾《かたむ》けて、世界不戦《ふせん》の段階《だんかい》へと進んでいかねばならない。

生命を育《はぐく》む力《ちから》。

生命を尊《とうと》ぶ心。

本来《ほんらい》、「命《いのち》」そのものに国境《こっきょう》も差別《さべつ》も格差《かくさ》もない。あってはならない。それを誰《だれ》よりも実感《じっかん》し知悉《ちしつ》しているのは、女性である。

創価の女性たちは、生命尊厳《そんげん》の大哲学を掲《かか》げ、一人の人を大切にする実践《じっせん》をたゆみなく積《つ》み重《かさ》ねている。それが、いかに重要《じゅうよう》な平和創出《そうしゅつ》の意義《いぎ》を持っているか、計《はか》り知れない。

＊

フランスの哲学者アランは、名著《めいちょ》『幸福論』の中で、「正義をつくりだすことによってのみ、平和が存在《そんざい》するのだ」(3)と喝破《かっぱ》した。

そのためには、「正《ただ》しいものは正しい」と、正義を言いきっていく勇気が根本《こんぽん》となろう。まさに創価の母たち、乙女《おとめ》たちは、庶民《しょみん》の賢《かしこ》く鋭《するど》い目線《めせん》で正義を勇敢《ゆうかん》に語《かた》り抜《ぬ》いている。これこそ「立正安国《りっしょうあんこく》」の最高の推進力《すいしんりょく》だ。

仏法においては、平和といっても、どこか遠《とお》くにあるものではない。日蓮大聖人が、「都《すべ》て一代《いちだい》八万の聖教・三世十方《さんぜじっぽう》の諸仏菩薩《しょぶつぼさつ》も我《わ》が心の外《そと》に有《あ》りとは・ゆめゆめ思ふべからず」（御書三八三ジペー）と仰《おお》せの通り、全《すべ》て自分自身の中にある。

ゆえに、自分から行動を起《お》こすことだ。自分から周囲《しゅうい》に語りかけることだ。

「自《みずか》らの生《せい》を汚《よご》しうる最大の不道徳《ふどうとく》、それは怠惰《たいだ》と無関心《むかんしん》なのです」(4)とは、フランスの作家ジョルジュ・サンドの指摘《してき》であった。怠惰と無関心は、結局、自身の人生を傷《きず》つける。

残念《ざんねん》ながら、現代社会には、自分さえよければいいといった利己《りこ》主義や、人間関係を「煩《わずら》わしい」といって避《さ》ける風潮《ふうちょう》がある。

しかし、昨年の東日本大震災《だいしんさい》の苦難《くなん》の中で、あらためて「支《ささ》え合《あ》い」「励《はげ》まし合《あ》い」の「心の絆《きずな》」の大切さが見直《みなお》されてきたといえようか。

なればこそ、何ものにも壊《こわ》されない「心の財《たから》」を積《つ》んできた、尊《とうと》き地涌《じゆ》の同志《どうし》たちの存在《そんざい》が光《ひか》る。日々、積極的《せっきょくてき》に人と関《かか》わり、生き生きと励《はげ》ましの対話を広げゆく、わが創価の女性の団結《だんけつ》こそ、正義と平和の光源《こうげん》なのである。

＊

先月（二〇一二年五月）、中国の高名《こうめい》な研究者《けんきゅうしゃ》の方々《かたがた》が、宮城県の石巻《いしのまき》文化会館や女川町《おながわちょう》の仮設住宅《かせつじゅうたく》、さらに東松島《ひがしまつしま》の個人会場で行《おこな》われた座談会を訪問《ほうもん》された。

いずれも大震災《だいしんさい》の甚大《じんだい》な被害《ひがい》を受けた地域である。

そこで、最愛《さいあい》の家族を亡《な》くした母や、大切な家を失《うしな》った女性たちが、苦しみや悲《かな》しみを乗《の》り越《こ》え、明るく強く人びとを励《はげ》ましている姿《すがた》に、皆《みな》、感涙《かんるい》されていた。

「まさに奇跡《きせき》です！」

「皆さんこそ、母の中の偉大《いだい》な母です！」

「無名《むめい》の庶民《しょみん》にこそ、本当の偉大《いだい》さがあり、本当の強い心と力《ちから》があると、感嘆《かんたん》しました」

「皆さんの生《い》き抜《ぬ》く姿《すがた》を通し、『人間革命』の本当の意味《いみ》がわかったような気がします」等々……。

異口同音《いくどうおん》に、格別《かくべつ》の感動《かんどう》を受けたと語られていた。

世界の知性《ちせい》が、創価の女性の前進と連帯《れんたい》に、大いなる希望の光明《こうみょう》を見出《みいだ》す時代に入っているのだ。その使命《しめい》と誇《ほこ》りも高く、晴《は》れ晴《ば》れと「平和の世紀」を開きゆく主役《しゅやく》は、皆様《みなさま》なのである。

崇高《すうこう》な
使命《しめい》に生《い》き抜《ぬ》く
貴女《あなた》こそ
尊《とうと》き仏《ほとけ》の
心なるかな

（1）池田大作、ヘイゼル・ヘンダーソン著「地球対談　輝く女性の世紀へ」、『池田大作全集114』収録、聖教新聞社
（2）A・E・カーン編『パブロ・カザルス　喜びと悲しみ』吉田秀和・郷司敬吾訳、朝日新聞社
（3）『幸福論』宗左近訳、社会思想社
（4）『スピリディオン』大野一道訳、藤原書店

青春の華《はな》　幸福の太陽（下）

創価の女性のスクラムは世界の希望

二〇一二年六月二十二日

この世《よ》をば
　力《ちから》のかぎりの
　　蛍光舞《ほたるまい》

六月といえば、蛍《ほたる》が舞《ま》い飛《と》ぶ季節《きせつ》である。

大阪・交野市《かたのし》の関西創価学園では、今年も九日に、学園生たちが真剣《しんけん》に育《そだ》てた蛍《ほたる》の観賞《かんしょう》の夕べが、地域の方々《かたがた》とともに優雅《ゆうが》に行《おこな》われた。

東京・八王子《はちおうじ》市の創価大学の蛍桜《けいおう》保存会《ほぞんかい》による伝統《でんとう》の「ほたるの夕べ」も、本年（二〇一二年）で三十回の佳節《かせつ》となる。

蛍《ほたる》の光《ひかり》の芸術《げいじゅつ》は「平和」と「共生《きょうせい》」のロマンであるといってよい。

「やみもなほ、ほたるの多く飛《と》びちがひたる。また、ただひとつふたつなど、ほのかにうちひかりて行くもをかし」(1)――清少納言《せいしょうなごん》は『枕草子《まくらのそうし》』の中で、蛍《ほたる》の美しさをこう讃《たた》えた。

蛍の成虫《せいちゅう》の寿命《じゅみょう》は、わずか一、二週間。しかし、その間《かん》、自《みずか》らの命《いのち》を燃《も》やして光《ひか》り続《つづ》ける。

「蛍《ほたる》の光《ひかり》」の歌で知られる中国の「蛍窓《けいそう》」の故事《こじ》は、苦学《くがく》の青年・車胤《しゃいん》が夏の夜、蛍を集《あつ》めて灯《ともしび》とし、勉強したと伝《つた》えている。

たとえ小さくとも、生命を明々《あかあか》と燃焼《ねんしょう》させたところには、大事を為《な》しゆく力《ちから》が必《かなら》ず生まれゆくものだ。

日蓮大聖人は、「千里《せんり》の野《の》の枯《か》れたる草に螢火《ほたるび》の如《ごと》くなる火を一《ひと》つ付《つ》けぬれば須臾《しゅゆ》に一草《そう》・二草・十・百・千・万草につきわたりても《燃》ゆれば十町《ちょう》・二十町の草《そう》木《もく》・一時《いちじ》にやけつきぬ」（御書一四三五㌻）と仰《おお》せである。

必死《ひっし》の一人がいれば、その情熱《じょうねつ》は、燎原《りょうげん》の火の如《ごと》く伝播《でんぱ》する。

とりわけ、御聖訓《ごせいくん》には、「竜女《りゅうにょ》が成仏《じょうぶつ》此《こ》れ一人にはあらず一切《いっさい》の女人《にょにん》の成仏をあらはす」（御書二二三㌻）と示《しめ》されている。

家庭にあっても、地域にあっても、社会にあっても、女性の力《ちから》ほど偉大《いだい》なものは決《けっ》してないのだ。

今、わが関西創価学園の女子同窓生《どうそうせい》の集《つど》い「蛍会《ほたるかい》」の友も、あの地この地で、力《ちから》の限《かぎ》り光《ひか》り舞《ま》っている。

*

蛍《ほたる》といえば、満月輝《まんげつかがや》く鳥取県《とっとりけん》の米子《よなご》文化会館の思い出が蘇《よみがえ》る。

一九七八年（昭和五十三年）の七月二十日。友の笑顔《えがお》と蛍《ほたる》の光《ひかり》に包《つつ》まれながら、私も大好《だいす》きな中国方面の歌「地涌《じゆ》の讃歌《さんか》」は完成したのである。あの名画《めいが》の光景《こうけい》は、終生《しゅうせい》、瞼《まぶた》から離《はな》れることはない。

その名も「山光《さんこう》」と謳《うた》われる鳥取県《とっとりけん》と島根県《しまねけん》は、日本の心の故郷《ふるさと》として名《な》高《だか》い。名曲「ふるさと」の調《しら》べを生み出した作曲家・岡野貞一《おかのていいち》氏も鳥取の出身《しゅっしん》である。

いにしえより「花の王」と讃《たた》えられる牡丹《ぼたん》の日本一の産地《さんち》は、島根の中海《なかうみ》に浮《う》かぶ「大根島《だいこんじま》」である。東対岸《ひがしたいがん》の米子空港《よなごくうこう》とは、目と鼻《はな》の先。私も機上《きじょう》から、島の同志《どうし》に題目を送《おく》ったことが懐《なつ》かしい。

この島から学会本部へ、毎年、地域の広宣流布の前進の様子《ようす》とともに、名産《めいさん》の牡丹《ぼたん》の便《たよ》りを送ってくださってきた母がいる。

半世紀近く前に、この地に嫁《とつ》がれた。いまだ学会への偏見《へんけん》も根強い時代から、一歩も退《ひ》かずに、題目根本《こんぽん》に頑張《がんば》り抜《ぬ》いてこられた。

高齢《こうれい》の家族・親族《しんぞく》三人を抱《かか》え、娘《むすめ》さんとともに「うちは時代の最先端《さいせんたん》だ!」

と、朗《ほが》らかに介護《かいご》を続《つづ》けられた。
見事《みごと》に一家和楽《いっかわらく》の模範《もはん》を築《きず》かれ、地域に信頼《しんらい》を勝ち取ってきた母の口癖《くちぐせ》は、「地域を歩くことが大事よ」であった。

今は亡《な》き母の「希望の哲学」は、女子部時代から一緒《いっしょ》に広布《こうふ》に進《すす》み抜《ぬ》いてきた娘《むすめ》さんが立派《りっぱ》に継承《けいしょう》されている。

牡丹《ぼたん》の花言葉は「誠実《せいじつ》」である。いかなる勝利も、誠実な一歩、また一歩の歩《あゆ》みから生まれる。

ともに行動し、ともに成長する。〝婦女《ふじょ》一体〟の「人間革命」の前進は、未来永遠《えいえん》に福徳《ふくとく》と友情《ゆうじょう》の花を、咲《さ》かせ広げゆくに違《ちが》いない。

可憐《かれん》なる
母と娘《むすめ》の
牡丹《ぼたん》かな

*

確固《かっこ》たる哲学を持って生きる女性には、苦難《くなん》の烈風《れっぷう》にも決《けっ》して負《ま》けない強さがあり、明るさがある。

世界文学の最高峰《さいこうほう》の一つと仰《あお》がれる『源氏物語《げんじものがたり》』の作者《さくしゃ》である紫式部《むらさきしきぶ》――。

彼女もまた、同時代の清少納言《せいしょうなごん》らとともに「女人成仏《にょにんじょうぶつ》」の法理《ほうり》を明《あ》かした法華経に深《ふか》く親《した》しんでいた。

紫式部《むらさきしきぶ》は、宮廷《きゅうてい》の人びとの悪口《あっこう》や嫉妬《しっと》にも毅然《きぜん》としていた。

「人はどういおうと　あくまで自身を大切にして行こう」(2)という意味《いみ》の歌も、凛《りん》と詠《えい》じている。また『源氏物語《げんじものがたり》』で有名になると、〝傲慢《ごうまん》で人を見下《みくだ》す人間だ〟などと陰口《かげぐち》を叩《たた》かれた。

しかし、彼女は気取《きど》らず、和《なご》やかに、人の輪《わ》の中に打《う》ち解《と》けていった。

その聡明《そうめい》な姿《すがた》に接《せっ》した人びとは、「実際《じっさい》つき合ってみると、不思議《ふしぎ》なほど鷹揚《おうよう》で、まるで別人《べつじん》かと思われるほどです」[2]などと語り、周囲《しゅうい》の偏見《へんけん》は吹《ふ》き飛《と》んだというのである。

ともあれ、勇気と知恵《ちえ》をもって、ありのままの姿《すがた》で人と会っていく。見栄《みえ》を張《は》ったり、無理《むり》に飾《かざ》る必要《ひつよう》はない。どこまでも自分らしく、わが信念《しんねん》を誠心誠意《せいしんせいい》、語っていくのだ。

これこそ、信頼拡大《しんらいかくだい》の方程式《ほうていしき》ではないだろうか。

東京・小平市《こだいらし》の創価学園の側《そば》を流《なが》れる玉川上水《たまがわじょうすい》に沿《そ》った遊歩道《ゆうほどう》には、「ムラサキシキブ」の木が植《う》わり、小さな花も咲《さ》き始《はじ》めた。

「哲学者の道」の愛称《あいしょう》で親《した》しまれるこの道を通《かよ》う、わが学園の乙女《おとめ》たちよ！

一日一日を大切に、楽しく、伸《の》び伸びと「女性の世紀」を担《にな》い立つリーダーに育《そだ》ち、幸福と平和の絵巻《えまき》を綴《つづ》っていってほしいと、私はいつも見守《みまも》っている。

＊

女子部の皆《みな》さんも、仕事や勉学《べんがく》、学会活動に奮闘《ふんとう》するなかで、思うようにいかない場合があるだろう。子育《こそだ》てや人間関係などの現実に悪戦苦闘《あくせんくとう》している、ヤング・ミセスの皆《みな》さんもおられるかもしれない。

しかし、若き日の苦労《くろう》は、すべて幸福になるための土台《どだい》作りである。

名作『母』や『大地』で知られるアメリカの作家パール・バックは、今月（二〇一二年六月）で生誕《せいたん》百二十周年。自《みずか》ら母として、重い障《しょう》がいを抱《かか》えたわが子を慈《いつく》しみ育《そだ》て上《あ》げながら、熱《あつ》い正義の心で平和の行動を貫《つらぬ》いた気高《けだか》い女性である。

彼女は語っている。

「悲《かな》しみには錬金術《れんきんじゅつ》に似《に》たところがある」「悲しみが喜《よろこ》びをもたらすことはありませんが、その知恵《ちえ》は幸福をもたらすことができるのです」(3)

ましてや、苦労《くろう》した人が一番、幸福になれる信心である。妙法《みょうほう》を唱《とな》えながら貫《つらぬ》いた努力と忍耐《にんたい》は、必《かなら》ず未来の宝《たから》と輝《かがや》くことを、明るく確信《かくしん》していただきたい。

＊

大聖人は、義母《ぎぼ》の看病《かんびょう》に真心を尽《つ》くし、自《みずか》らも病気《びょうき》との闘《たたか》いを続《つづ》けていた富木《とき》常忍《じょうにん》夫人に、繰《く》り返《かえ》し激励《げきれい》のお手紙を送《おく》られた。

有名な「可延定業書《かえんじょうごうしょ》」には、大聖人御自身《ごじしん》が深《ふか》き祈《いの》りで、母親の寿命《じゅみょう》を四年、延《の》ばされたことを通されながら、こう仰《おお》せである。

「今女人《にょにん》の御身《おんみ》として病《やまい》を身にうけさせ給《たも》う・心《こころ》みに法華経の信心を立てて御《ご》らむあるべし」（御書九八五ページ）と。

そして、善医《ぜんい》である四条金吾《しじょうきんご》の治療《ちりょう》を受けていくように、こまやかに促《うなが》されている。

さらに大聖人は「一日の命《いのち》は三千界（＝大宇宙《だいうちゅう》）の財《たから》にもすぎて候《そうろう》なり」（御書九八六ページ）とされた上で、「法華経にあわせ給《たま》いぬ一日もいき《活》てをはせば功徳《くどく》つもるべし」（同）と励《はげ》ましておられる。

題目を唱《とな》え、広宣流布を目指《めざ》して、生《い》き抜《ぬ》いていく一日また一日が、どれほど素晴《すば》らしいか。

どうか、日本中、世界中の婦人部・女子部の皆様《みなさま》が日々、健康第一で生き生きと、そして一日でも長く幸福長寿《ちょうじゅ》であられるように——これが、私と妻の、ご祈《き》念《ねん》の第一項目《こうもく》である。

＊

先月、日中国交正常化《にっちゅうこっこうせいじょうか》四十周年を記念し、周恩来総理《しゅうおんらいそうり》と鄧穎超《とうえいちょう》先生のご夫妻に光《ひかり》を当《あ》てた本が出版《しゅっぱん》された（『周恩来・鄧穎超と池田大作』第三文明社）。

心から人民《じんみん》を愛し、人民から敬愛《けいあい》された、偉大《いだい》なご夫妻であられた。

私が胸《むね》に刻《きざ》む鄧穎超《とうえいちょう》先生の言葉がある。

「次の世代《せだい》は前の世代を超《こ》えなければなりません。一代《いちだい》ごとに優秀《ゆうしゅう》さを増《ま》してこそ革命《かくめい》は継続《けいぞく》し、発展《はってん》するのです」(4)

この信念《しんねん》のもと、鄧《とう》先生は、どんなに多忙《たぼう》でも、若者《わかもの》たちと関《かか》わり続《つづ》けた。ある時は、恋愛《れんあい》や仕事の悩《なや》みを聞き、ある時は、若者たちから学ぼうという姿勢《しせい》で臨《のぞ》んでおられた。

「人の意見《いけん》や経験《けいけん》を聞くことはとても大事だと思うわ。でもね、それは人のものであくまでも参考《さんこう》よ、マネしてもだめ。自分で考え、自分で決めるのよ」(4)

先輩《せんぱい》の考えを無理《むり》やり押《お》しつけたりはしない。

「もちろん失敗《しっぱい》はしないほうがいい。でも失敗を恐《おそ》れてはだめ、間違《まちが》えば直《なお》せばいいの」(4)

そうやって、一人、また一人と地道《じみち》に励《はげ》ましを送《おく》り続《つづ》けた。そんな人間味溢《あふ》れる振《ふ》る舞《ま》いがあったからこそ、後輩《こうはい》たちも自然《しぜん》と「鄧姉《とうねえ》さん」と慕《した》っていった。

このような温《あたた》かく大らかな関係を、婦人部・女子部の皆様《みなさま》は、今まで以上に大切にしていただきたい。

ある時は〝母娘《ははこ》〟の如《ごと》く、またある時は〝姉妹《しまい》〟の如く――大事なことは、なんでも話せる、なんでも相談《そうだん》できる、そして励《はげ》まし合《あ》っていける、希望と和楽《わらく》の園《その》を築《きず》いていくことだ。

大聖人は「日本国と申《もう》すは女人《にょにん》の国と申す国なり」（御書一一八八ジペー）と仰《おお》せである。

この模範《もはん》の〝婦女一体《ふじょいったい》〟の前進を地域に、そして全国・全世界に広げてこそ、広宣流布は着実《ちゃくじつ》に、重層的《じゅうそうてき》に伸展《しんてん》していくのだ。

＊

五十年前の一九六二年（昭和三十七年）、学会が「勝利の年」と掲《かか》げて大前進していたこの年は、別名《べつめい》「婦人部の年」であった。

その前年は、男子部の「精鋭《せいえい》十万結集《けっしゅう》」の達成《たっせい》など、男女青年部の躍進《やくしん》が目覚《めざ》ましく、また翌年《よくねん》には新しい学会本部の完成を控《ひか》えた重要《じゅうよう》な一年であった。

この勢《いきお》いを見事《みごと》な勝利に仕上《しあ》げるのは、婦人の力《ちから》であり、女性の熱意《ねつい》である。

ゆえに、この年、私は婦人部の代表に「総勘文抄《そうかんもんしょう》」をはじめ、多くの御書を講《こう》義《ぎ》させていただいた。「御書根本《こんぽん》」が、創価の永遠《えいえん》勝利の鉄則《てっそく》だからである。

大仏法を学ぶ喜《よろこ》びは広布拡大《こうふかくだい》の熱願《ねつがん》と燃《も》え上がり、十一月には、恩師《おんし》の七回忌《かいき》までの目標《もくひょう》であった三百万世帯を、いち早く達成《たっせい》できたのだ。

それから半世紀――。

総本部完成を明年《みょうねん》に控《ひか》え、勝負《しょうぶ》を決《けっ》する一年を前進中だ。不思議《ふしぎ》な妙法《みょうほう》のリズムを感じてならない。

創価の愛娘《まなむすめ》たる〝華陽《かよう》〟の乙女《おとめ》は、勝利の鉄則のままに「御書三十編《ぺん》」を真剣《しんけん》に学んでいる。この波動《はどう》は、アメリカやペルーなど海外の乙女たちにも広がり、今や世界同時進行で御書の研鑽《けんさん》が進んでいる。

この御書三十編の一つに「乙御前御消息《おとごぜんごしょうそく》」がある。

「氷《こおり》は水より出《い》でたれども水よりもすさまじ《凄冷》、青き事《こと》は藍《あい》より出でたれども・かさ《重》ぬれば藍よりも色《いろ》まさる」（御書一二二二ページ）

まさに今、女子部から、新しき世紀を担《にな》う信強《しんつよ》き人材が陸続《りくぞく》と育《そだ》っている。
「華陽《かよう》の誓《ちか》い」の大道を真《ま》っすぐに、朗《ほが》らかに歩《あゆ》み抜《ぬ》く女子部、万歳《ばんざい》！
「幸福の太陽」「和楽《わらく》の太陽」「勝利の太陽」の婦人部、万歳《ばんざい》！
世界の希望と輝《かがや》く、創価の女性の花のスクラムから、新《あら》たな躍進《やくしん》の歴史《れきし》が必《かなら》ず
や開かれゆくことを、私は確信《かくしん》してやまない。

いざや立て
いざや舞《ま》いゆけ
広宣《こうせん》の
天女《てんにょ》の誇《ほこ》りを
三世《さんぜ》に飾《かざ》りて

（1）池田亀鑑校訂『枕草子』岩波文庫

（2）今井源衛著『紫式部』吉川弘文館。その他、南波浩校注『紫式部集』岩波文庫、池田亀鑑、秋山虔校注『紫式部日記』岩波文庫、参照。

（3）『母よ嘆くなかれ〈新訳版〉』伊藤隆二訳、法政大学出版局

（4）西園寺一晃著『鄧穎超　妻として同志として』潮出版社

幸福の太陽・婦人部（上）

勇気の前進！ 皆《みな》で励《はげ》まし合《あ》って

二〇一三年二月九日

「輝《かがや》け、輝け、輝いてくれ、
あなたのぬくもりを降《ふ》りそそいでくれ、偉大《いだい》な太陽よ」(1)

人間と生命と宇宙《うちゅう》を歌った民衆詩人《みんしゅうしじん》ホイットマンが、太陽に向《む》かって友の如《ごと》く呼《よ》びかけた一節《いっせつ》である。

私には、「地上《ちじょう》の太陽」ともいうべき創価の尊《とうと》き母たちの輝《かがや》きと、二重写《にじゅううつ》しに思えてならない。

偉大《いだい》なる我《われ》らが婦人部は、社会にあっても、家庭《かてい》にあっても、広宣流布の前進にあっても、燦々《さんさん》と輝《かがや》きわたる太陽だ。凍《い》てついた人びとの心を慈愛《じあい》の陽光《ようこう》で温《あたた》めてくれる太陽だ。

ホイットマンは、さらに「おお、母である喜《よろこ》びよ、／見守《みまも》ること、我慢《がまん》すること、かけがえのない愛、苦悩《くのう》、辛抱《しんぼう》づよい献身《けんしん》の生涯《しょうがい》[1]」と讃嘆《さんたん》している。

母は優《やさ》しい。母は強い。母はあまりにも健気《けなげ》だ。

日蓮大聖人は、女性の門下《もんか》の代表《だいひょう》に「日妙聖人《にちみょうしょうにん》」「日女御前《にちにょごぜん》」「日厳尼《にちごんあま》」「光日尼《こうにちあま》」「王日女《おうにちにょ》」など、太陽を意味《いみ》する「日《にち》」の文字《もじ》の名前を贈《おく》られた。

思えば、「冬は必《かなら》ず春となる」（御書一二五三ページ）との仰《おお》せも、一番苦労《くろう》している母への御金言《ごきんげん》である。

母たち・女性たちが、その生命を、妙法《みょうほう》とともに、何ものにも負《ま》けない「希望の太陽」と輝《かがや》かせ、そして必《かなら》ずや「幸福勝利の春」を開いていけるように——。

この日蓮大聖人のお心があらためて深《ふか》く拝《はい》される。

婦人部を中心とする創価の女性のスクラムこそ、「生命の尊厳《そんげん》」の大法理《だいほうり》で世界を照《て》らし、人類史《じんるいし》の新《あら》たな「平和の春」を広げる太陽なりと、私たちは誇《ほこ》りを込《こ》めて叫《さけ》びたいのだ。

春を呼《よ》ぶ
勝利の太陽
われなりと
ほほえみ忘《わす》れず
今日《きょう》も光《ひか》れや

*

暦《こよみ》の上では立春《りっしゅん》を過《す》ぎても、まだまだ厳《きび》しい冬は続《つづ》いている。

寒《さむ》いなか、積雪《せきせつ》や凍結《とうけつ》で足元《あしもと》の悪《わる》いなか、聖教新聞の配達《はいたつ》をしてくださる「無《む》冠《かん》の友」の皆様方《みなさまがた》に、心より感謝を申《もう》し上《あ》げたい。

一歩一歩《いっぽいっぽ》、一軒一軒《いっけんいっけん》と、白い息《いき》を弾《はず》ませ、大地を踏《ふ》みしめる足取《あしど》りこそ、広布《こうふ》拡大《かくだい》を前進させる大いなる活力《かつりょく》の源泉《げんせん》である。それは、御書に仰《おお》せのままの尊貴《そんき》なる「信心の歩《あゆみ》」（一四四〇ジペー）に他《ほか》ならない。

雪の多い北国《きたぐに》はもちろん、全国の配達員《はいたついん》さんの絶対の無事故とご健康を、私も妻も懸命《けんめい》に祈《いの》っている。

「無冠《むかん》の友」の皆様《みなさま》の功徳《くどく》と勝利の体験《たいけん》を伺《うかが》うことは、この上ない喜《よろこ》びである。

＊

大聖人は、南条時光《なんじょうときみつ》のお母さんに仰《おお》せになられた。

「法華経の法門《ほうもん》をきくにつけて・なをなを信心をはげむを・まことの道心者《どうしんしゃ》とは申《もう》すなり」（御書一五〇五ジペー）

「なおなお」、また「いよいよ」――この御指南《ごしなん》は、勇気の前進を続《つづ》ける学会婦人部の精神《せいしん》でもある。

若《わか》き日、私は蒲田《かまた》支部で、それまでの壁《かべ》を打《う》ち破《やぶ》る大折伏《だいしゃくぶく》を推進《すいしん》した。

この時、一カ月で二百一世帯《せたい》を達成《たっせい》する、限界突破《げんかいとっぱ》の弘教《ぐきょう》の決定打《けっていだ》を、喜《よろこ》び勇《いさ》んで飾《かざ》ってくださったのも、婦人部であった。

まだ動《うご》ける、まだ戦《たたか》える、悩《なや》めるあの人と、まだまだ語り合える——と、勇気と執念《しゅうねん》を燃《も》やして、一対一の対話に挑戦《ちょうせん》し抜《ぬ》いてくれた結晶《けっしょう》である。

その母たちの如説修行《にょせつしゅぎょう》の奮闘《ふんとう》があればこそ、不滅《ふめつ》の「二月闘争《とうそう》」の金字塔《きんじとう》は聳《そび》え立《た》ったのだ。

＊

この二月十一日、私が第三代会長として、「婦人部に与《あた》う」と題《だい》した指針《ししん》を、皆様方《みなさまがた》のために綴《つづ》って、五十年の節目《ふしめ》を迎《むか》える。

〝広宣流布は婦人・女性の手で〟——これが恩師《おんし》・戸田城聖《じょうせい》先生の叫《さけ》びであった。絶対の確信《かくしん》であった。先生のお誕生日《たんじょうび》にあたるこの日に、私は恩師を偲《しの》びながら筆《ふで》を執《と》ったことを懐《なつ》かしく覚《おぼ》えている。

――つねに太陽の如《ごと》く、いかなる苦難《くなん》の嵐《あらし》にあうとも、厳然《げんぜん》と題目をあげきり、生活と人生の勝利へ、賢明《けんめい》なる前進を！　と――。

半世紀前、戸田先生と一体《いったい》の私の呼《よ》びかけに、全国の婦人部の皆様《みなさま》は応《こた》えて、一人ひとりが、地区や支部、また一家の「幸福操縦士《そうじゅうし》」であり、「幸福博士」として奮起《ふんき》してくれた。

病苦《びょうく》や経済苦《けいざいく》、家族の問題など、立ちすくむような難問《なんもん》にぶつかっても、〝宿《しゅく》命《めい》が大きいということは、使命《しめい》も大きい。功徳《くどく》も大きいということ〟と励《はげ》まし合《あ》いながら、いよいよの信心で挑《いど》んでいった。そして、「月月《つきづき》・日日《ひび》に」（御書一一九〇ジペー）境涯《きょうがい》を高め、人生を開き、地域をも変革《へんかく》していったのである。

どんな苦悩《くのう》であれ、妙法受持《みょうほうじゅじ》の女性に変毒為薬《へんどくいやく》できないものなどない。一人もれなく、絶対に幸福になる――この希望の劇《げき》を無量無数《むりょうむすう》に積《つ》み重《かさ》ねてこられたのが、多宝会《たほうかい》、宝寿会《ほうじゅかい》（東京）、錦宝会《きんぽうかい》（関西）の先輩方《せんぱいがた》である。

嬉《うれ》しいことに、その心は、ヤング・ミセス、さらに女子部の世代《せだい》にまで生き生きと流《なが》れ通《かよ》っている。

＊

私が妻とともに、草創《そうそう》の高等部の頃《ころ》から見守《みまも》ってきた女性リーダーがいる。

彼女は、戦前《せんぜん》に韓《かん》・朝鮮半島《ちょうせんはんとう》から強制連行《きょうせいれんこう》された父と、長崎《ながさき》で被爆《ひばく》した日本人の母との間《あいだ》に生まれた。幼《おさな》い頃《ころ》から、理不尽《りふじん》な差別《さべつ》を受けるだけでなく、被爆二世として身体《しんたい》の不調《ふちょう》にも苦しめられてきた。

絶望《ぜつぼう》と不安《ふあん》の淵《ふち》にあった十代の乙女《おとめ》に、親友《しんゆう》が「お題目あげな！　命《いのち》の底《そこ》から元気になるから、やりな！」と信心を勧《すす》めてくれた。

「自分も変われるかもしれない」と入会《にゅうかい》を決意。枯《か》れ果《は》てた命《いのち》に瑞々《みずみず》しいエネルギーがみなぎってくるような歓喜《かんき》を覚《おぼ》えたという。

大聖人は、「妙《みょう》とは蘇生《そせい》の義《ぎ》なり蘇生と申《もう》すはよみがへる義なり」（御書九四七ジペー）と仰《おお》せである。この「蘇生」の大功力《だいくりき》を生命に湛《たた》えながら、彼女は学会活動に邁進《まいしん》した。

良《よ》き伴侶《はんりょ》と出会《であ》い、原爆症《げんばくしょう》も乗《の》り越《こ》えて、二人のお子さんを出産《しゅっさん》した。その後、戸田先生が「原水爆禁止宣言《げんすいばくきんしせんげん》」を発表された神奈川・横浜に移転《いてん》。苦《くる》しんできたからこそ、人の痛《いた》みのわかる自分に成長をと誓《ちか》い、この地で誠実《せいじつ》に平和の連帯《れんたい》を広げてきたのである。

このほど、お嬢《じょう》さんが、韓国《かんこく》の名門《めいもん》大学の大学院で最優秀《さいゆうしゅう》の成績《せいせき》を収《おさ》めて頑張《がんば》っているとの、喜《よろこ》びの報告も届《とど》けてくれた。

一人の母の物語《ものがたり》である。ここには「生命の尊厳《そんげん》」も、「人間の平等《びょうどう》」も、何《なん》と美事《みごと》に体現《たいげん》されていることか。

私が今回の「SGIの日」の提言《ていげん》で申《もう》し上《あ》げた、
一、他者《たしゃ》と苦楽《くらく》をともにしようとする意志《いし》
二、生命の無限《むげん》の可能性《かのうせい》に対する信頼《しんらい》
三、多様性《たようせい》を喜《よろこ》び合《あ》い、守《まも》り抜《ぬ》く誓《ちか》い

この三つの指標《しひょう》を日々、「草《くさ》の根《ね》の連帯《れんたい》」の中で、実践《じっせん》してくれているのも、明るく賢《かしこ》く大らかな創価の女性たちなのである。

＊

今年（二〇一三年）の二月四日は、「アメリカの公民権《こうみんけん》運動の母」ローザ・パークスさんの生誕《せいたん》百周年の佳節《かせつ》であった。

二十年前——当時、ロサンゼルス郊外《こうがい》にあったアメリカ創価大学で初《はじ》めてお会いした折《おり》、妻が用意《ようい》したケーキで八十歳の誕生日《たんじょうび》のお祝《いわ》いをさせていただいたことも懐《なつ》かしい。

謙虚《けんきょ》で凛《りん》とした清《きよ》らかな微笑《ほほえ》み。人類《じんるい》の歴史《れきし》に輝《かがや》く、誇《ほこ》り高き人権闘争《じんけんとうそう》の母であった。

積年《せきねん》の不当《ふとう》な差別《さべつ》に対し、敢然《かんぜん》と「ノー」を叫《さけ》んだパークスさんの勇気の声と行動が、歴史《れきし》の歯車《はぐるま》を大きく動かしたことは、あまりにも有名《ゆうめい》な史実《しじつ》である。

「誰《だれ》かがまず第一歩を踏《ふ》み出《だ》さなければならないことは、わかっていました」

「何をすべきかわかっていさえすれば、恐《おそ》れることなど何もない」(2)

パークスさんが語り残《のこ》された不滅《ふめつ》の言葉である。

一念《いちねん》を定《さだ》め、行動する腹《はら》を決めた女性ほど強いものはない。誰《だれ》もかなわない。

私が対談《たいだん》したアメリカの歴史家《れきしか》ハーディング博士は、パークスさんをはじめ、公民権《こうみんけん》運動における女性の重要《じゅうよう》な貢献《こうけん》について、こう語っておられた。

「女性の励《はげ》ましがなければ、(=人権闘争《じんけんとうそう》の)行進に加《くわ》わる人も、一人もいなかったでしょう」

そして「皆《みな》を結束《けっそく》させ」「皆を大いに励《はげ》まし、力《ちから》づけ、運動参加《さんか》へと導《みちび》いて」(3)いった、女性の力を心から讃《たた》えられていた。

博士が繰《く》り返《かえ》し指摘《してき》されている通り、歴史《れきし》を変える民衆《みんしゅう》運動の根幹《こんかん》には、女性の「励《はげ》まし」がある。

我《われ》ら創価の広宣流布の運動もまた、女性たち、母たちの「励《はげ》まし」の力《ちから》で朗《ほが》らかに勝ってきた。これからも徹《てっ》して励まし合いながら勝ち続《つづ》けていくのだ。

＊

本年（二〇一三年）、尊《とうと》き〝広布《こうふ》の母たち〟を祝福《しゅくふく》する記念日である、5・3「創価学会母の日」は二十五年を迎《むか》える。

地域の平和と安穏《あんのん》の責任者《せきにんしゃ》ともいえる「地区婦人部長」制《せい》がスタートしてからは十五周年。小単位《しょうたんい》で学ぶ婦人部の「グループ」の発足《ほっそく》三十五周年でもある。

先月、新春《しんしゅん》の本部幹部会では、グループのモットーが発表された。

「皆《みな》で語り　皆で学び　皆が創価の幸福博士に！」

婦人部のグループとは、地区、ブロックよりも、さらに少人数《しょうにんずう》の学習・懇談《こんだん》の場である。

「広宣流布は一対一の膝詰《ひざづ》めの対話から！」と言われた恩師《おんし》・戸田先生の指導に、一番近い組織といえよう。

少人数《しょうにんずう》だから、「全員《ぜんいん》が主役《しゅやく》」である。役職などの上も下もない。「皆《みな》で」という言葉を、最《もっと》も現実的に実践《じっせん》できる。

ここに婦人部の本当の強さがある。

地に足《あし》を着《つ》けた「自発能動《じはつのうどう》」の励《はげ》まし合《あ》いのグループこそが、広宣流布の推進《すいしん》と拡大《かくだい》の原動力《げんどうりょく》である。

あの地この地で、今日《きょう》も幸福博士の笑顔《えがお》を、一つ、また一つと広げゆく、グループ長をはじめ〝太陽の母たち〟に、我《われ》らは感謝の大拍手《だいはくしゅ》を送《おく》りたいのだ。

清《きよ》らかな
　母娘《ははこ》の心に
　　創価城《そうかじょう》
幸《さち》の宝《たから》は
　三世《さんぜ》に香《かお》りて

（1）『草の葉（中）』酒本雅之訳、岩波書店
（2）『勇気と希望』高橋朋子訳、サイマル出版会
（3）『希望の教育　平和の行進』第三文明社

幸福の太陽・婦人部（下）

ともに咲《さ》かせよ　智《ち》慧《え》と慈《じ》悲《ひ》と歓《かん》喜《き》の花

二〇一三年二月十三日

天晴《あっぱ》れな
世界の広布《こうふ》を
開きゆく
女性の未来は
無限《むげん》の希望が

釈尊《しゃくそん》、そして日蓮大聖人が悲願《ひがん》となされた一閻浮提《いちえんぶだい》の広宣流布を、今この時に成《な》し遂《と》げゆく創価の師弟《してい》の宿縁《しゅくえん》は限《かぎ》りなく深《ふか》い。

「SGIの日」である一月二十六日は、福光《ふっこう》の希望を広げる「東北女性の日」でもあり、さらに前日の一月二十五日は、正義の誉《ほま》れ輝《かがや》く「関西婦人部の日」に当《あ》たっている。

この記念日を祝《しゅく》し、世界広布《こうふ》の懸《か》け橋《はし》となって、翻訳《ほんやく》の労作業《ろうさぎょう》に携《たずさ》わってくれている有志《ゆうし》の方々《かたがた》が、あのヘレン・ケラーの著書《ちょしょ》『サリバン先生』を、名訳《めいやく》とともに届《とど》けてくださった。

翻訳《ほんやく》・通訳《つうやく》という世界広布《こうふ》の生命線においても、研鑽《けんさん》と努力《どりょく》を惜《お》しまぬ女性たちが、いやまして大きな使命《しめい》を果《は》たしてくれている。

目と耳と口の不自由《ふじゆう》という〝三重苦《さんじゅうく》〟を克服《こくふく》したヘレン・ケラーは、師《し》であるサリバン先生へ尽《つ》きせぬ感謝を込《こ》めて記《しる》した。

「先生は私の身体的弱《しんたいてきよわ》さに合わせて教《おし》えるのではなく、教えようとする高みへと私の精神《せいしん》の強さを少しずつ引き上げてくださった」(1)と。重《おも》みのある言《げん》である。

サリバン先生自身も、幼少期《ようしょうき》から幾多《いくた》の苦労《くろう》を重《かさ》ね、失明《しつめい》の危機《きき》も乗《の》り越《こ》えてきた女性である。

苦しみを分《わ》かち合《あ》いながらも、そこに止《とど》まらない。その人が持つ、生命の限《かぎ》りない強さを引き出し、ともに境涯《きょうがい》を高めていく——わが婦人部の「人間革命」への激励《げきれい》にも通《つう》ずる。

ヘレン・ケラーは、こうも振《ふ》り返《かえ》っている。

「当時のサリバン先生は、華麗《かれい》な花を咲《さ》かせるために、冷《つめ》たい暗闇《くらやみ》の中で労苦《ろうく》している根《ね》っこのような気持《きも》ちであったのではないかと思います。しかし、先生がいつも、この時期《じき》が人生の中で最《もっと》も充実《じゅうじつ》し、喜《よろこ》びにあふれた日々であったと述《じゅつ》懐《かい》されていたことを思い出すと、私はとても嬉《うれ》しくなるのです」(1)

人を育《そだ》てる苦労《くろう》と喜《よろこ》びは何《なん》と尊《とうと》く、深《ふか》いものか。

わが子のため、わが友のため、祈《いの》り、悩《なや》み、尽《つ》くす。その目に見えない労苦《ろうく》と奮闘《ふんとう》は、必《かなら》ずや自分自身の生命の福徳《ふくとく》となって積《つ》まれる。そして、その福徳が、そのまま、わが子に、わが友に伝《つた》わっていくのである。
「御義口伝《おんぎくでん》」に、「自他共《じたとも》に智慧《ちえ》と慈悲《じひ》と有《あ》るを喜《き》とは云《い》うなり」（御書七六一ジペー）
と仰《おお》せである。
この究極《きゅうきょく》の「智慧《ちえ》」と「慈悲《じひ》」と「歓喜《かんき》」の花を、地域にも、世界にも、咲《さ》かせ広げているのが、創価の女性たちである。

＊

皆様方《みなさまがた》は「異体同心《いたいどうしん》」という最高に麗《うるわ》しきスクラムを組《く》みながら、広宣流布の大目的《だいもくてき》へ弛《たゆ》みなく前進している。これほど強く、これほど明るい姿《すがた》はない。

思えば、創価教育の師父《しふ》・牧口常三郎《つねさぶろう》先生は、いち早く女性のための通信《つうしん》教育を推進《すいしん》された。女性の活躍《かつやく》の広がりが、人類《じんるい》の幸福と平和に直結《ちょっけつ》することを確信《かくしん》されていたのであろう。

そこには、日蓮大聖人の「男女《なんにょ》はきらふべからず」（御書一三六〇ジペー）、「女人《にょにん》と妙《みょう》と釈尊《しゃくそん》との三全《みつまった》く不同無《ふどうな》きなり」（御書八四二ジペー）との大宣言《だいせんげん》にも通《つう》じる先駆《せんく》の精神《せいしん》が光《ひか》っているといえよう。

しかし、日本において女性を取《と》り巻《ま》く環境《かんきょう》は、まだまだ厳《きび》しい。世界経済《けいざい》フォーラムが発表した「男女格差指数《かくさしすう》」（二〇一二年十月）によると、日本の平等度《びょうどうど》は百三十五カ国中、百一位。残念《ざんねん》ながら先進国《せんしんこく》では異例《いれい》の低《ひく》さという。

私が対談集《たいだんしゅう》を発刊《はっかん》した、ヨーロッパ統合《とうごう》の父クーデンホーフ＝カレルギー伯爵《はくしゃく》は語《かた》っておられた。

「女性は男性よりも、はるかに誠実《せいじつ》な平和主義者です。女性は生命をはぐくみ育《そだ》てるのが本能《ほんのう》であって、殺戮《さつりく》を望《のぞ》みません。

それは、自然《しぜん》が女性に、男性にはできない使命《しめい》を与《あた》えたためです」

女性が輝《かがや》いてこそ、地域も、社会も、未来も輝きに包《つつ》まれゆく。女性が最《もっと》も輝ける社会を目指《めざ》すことこそ「平和の大道」なりと、私はいま一度、強く訴《うった》えたい。

その開道《かいどう》の先覚者《せんかくしゃ》こそ、私たちが最大に尊敬《そんけい》し、信頼《しんらい》する世界第一の創価の婦人部なのである。

＊

あの「阪神《はんしん》・淡路大震災《あわじだいしんさい》」から、一月十七日（二〇一三年）で、十八年を迎《むか》えた。あらためて、亡《な》くなられた全《すべ》ての方々《かたがた》に題目を送《おく》り、懇《ねん》ろに追善回向《ついぜんえこう》をさせていただいた。

「負《ま》けたらあかん」と復興《ふっこう》の槌音《つちおと》を響《ひび》かせ、不死鳥《ふしちょう》の如《ごと》く街《まち》を蘇《よみがえ》らせた大関西の母たちの崇高《すうこう》な年輪《ねんりん》に、ただただ感謝合掌《がっしょう》である。

先日、「聖教新聞」の連載《れんさい》の〝福光新聞《ふっこう》〟に掲載《けいさい》された兵庫県《ひょうごけん》の地区婦人部長の体験《たいけん》を、妻も目頭《めがしら》を熱《あつ》くしながら拝読《はいどく》していた。震災《しんさい》でご主人と二人の娘《むすめ》さんを亡《な》くされながら、健気《けなげ》に信心を貫《つらぬ》き、頑張《がんば》り抜《ぬ》いてこられた偉大《いだい》な母である。

彼女のことを思い、あえて厳《きび》しい激励《げきれい》の言葉も掛《か》けた信心の先輩《せんぱい》も、何《なん》と慈悲《じひ》深《ぶか》き女性であることか。

慈悲《じひ》の根底《こんてい》には、ともに苦しみ、ともに泣《な》き、ともに祈《いの》る仏《ほとけ》の「同苦《どうく》」の心がある。

眼前《がんぜん》の悩《なや》める友、苦しむ同志《どうし》と心を結《むす》び、励《はげ》まし合《あ》って、どんな絶望《ぜつぼう》の闇《やみ》も照《て》らし晴《は》らしていく――これこそ、私たちが経文通《きょうもんどお》りに「悪口罵詈《あっくめり》」されながらも築《きず》き上《あ》げてきた、創価学会である。まさしく、現代における民衆《みんしゅう》の奇跡《きせき》の団体《だんたい》なのである。

宮城県《みやぎけん》に住むある若き母は、東日本大震災《だいしんさい》で、可愛《かわい》い盛《さか》りの五歳の長男を奪《うば》われた。胸《むね》が締《し》めつけられる悲《かな》しみである。

周囲《しゅうい》の励《はげ》ましに、再起《さいき》しようと思うが、なかなか前に進めない……。その暗闇《くらやみ》に光《ひかり》を点《とも》してくれたのが、先《さき》ほどの兵庫県《ひょうごけん》の地区婦人部長をはじめとする関西の婦人部との交流《こうりゅう》であった。

この十八年間、妙法《みょうほう》を抱《だ》きしめ、一番深《ふか》い悲《かな》しみを乗《の》り越《こ》えてきた常勝《じょうしょう》の母。その姿《すがた》に、東北の母は不屈《ふくつ》の勇気をもらい、前を向《む》くことができた。

そして、〝心にいる息子《むすこ》〟とともに生き抜《いぬ》き、ともに進みゆく思いで、地域のヤング・ミセスのリーダーとして走り抜かれていると伺《うかが》っている。

＊

「南無妙法蓮華経と申《もう》す女人《にょにん》の・を《思》もう子に・あわずという事《こと》はなし」（御書一五七六ページ）

日蓮大聖人は、十六歳の息子《むすこ》を亡《な》くした上野殿母尼御前《うえのどのははあまごぜん》とともに悲《かな》しまれ、嘆《なげ》かれた。そして、母尼の胸中《きょうちゅう》に「信心の炎《ほのお》」が再《ふたた》び燃《も》え盛《さか》るまで激励《げきれい》を続《つづ》けられたのである。その「信心の炎」を受《う》け継《つ》いだのが、兄の南条時光《なんじょうときみつ》であり、時光もまた赤誠《せきせい》の信心を生涯貫《しょうがいつらぬ》き通した。

生死《しょうじ》は不二《ふに》である。亡《な》くなった家族は、わが心の中にいつも一緒《いっしょ》にいる。瞬時《しゅんじ》も離《はな》れることなく、生命は一体《いったい》である。ゆえに、この生命に妙法《みょうほう》の力《ちから》をみなぎらせ、法のため、人のため、広宣流布のために行動することが、そのまま亡き家族をも「歓喜《かんき》の中の大歓喜」（御書七八八ページ）で包《つつ》む光明《こうみょう》となるのだ。

ともあれ、真剣《しんけん》な「励《はげ》まし」の連続《れんぞく》が、必《かなら》ず蘇生《そせい》のドラマの連鎖《れんさ》を生む。これが創価の世界である。

＊

御書には、「一切《いっさい》の法《ほう》は皆是《みなこ》れ仏法なり」（五六六ページ）と明確《めいかく》に説《と》かれている。ありとあらゆる煩雑《はんざつ》な悩《なや》みや葛藤《かっとう》が渦巻《うずま》く、この現実の生活を離《はな》れて、「人間革命」もなければ、「一生成仏《いっしょうじょうぶつ》」もないのである。

時には、「どうして自分ばかりが……」とグチをこぼしたくなることもあるかもしれない。しかし、煩《わずら》わしい試練《しれん》と祈《いの》り戦《たたか》うからこそ、仏《ほとけ》の力《ちから》を出せる。泥《どろ》が深《ふか》ければ深いほど、やがて美事《みごと》な幸福勝利の大輪《たいりん》を咲《さ》かせていけるのが、「如蓮華在水《にょれんげざいすい》」の妙法《みょうほう》である。

大聖人が富木尼御前《ときあまごぜん》（富木常忍《じょうにん》夫人）を労《ねぎら》われた一節《いっせつ》が、私は思い起《お》こされる。

「（貴女《あなた》の夫《おっと》である）富木殿《ときどの》が語られていました。『このたび、母が亡《な》くなった嘆《なげ》きのなかにも、その臨終《りんじゅう》の姿《すがた》がよかったことと、尼御前《あまごぜん》（妻）が母を手厚《てあつ》く看病《かんびょう》してくれたことのうれしさは、いつの世《よ》までも忘《わす》れられない』と、（富木殿《ときどの》は）喜《よろこ》んでおられましたよ」（御書九七五ジペー、通解）

富木尼《ときあま》は、自《みずか》らも病気《びょうき》と闘《たたか》いながら、九十代の高齢《こうれい》の姑《しゅうとめ》を介護《かいご》していた。

大聖人は、そうした辛労《しんろう》をすべて見通《みとお》されて、夫《おっと》である富木殿《ときどの》の感謝の心まで、こまやかに伝《つた》えてくださっている。

婦人部の皆様方《みなさまがた》の日々の奮闘《ふんとう》も、御本仏《ごほんぶつ》が全《すべ》てを御照覧《ごしょうらん》であられる。

ゆえに、何があっても、一切《いっさい》を御本尊《ごほんぞん》に祈念《きねん》して、一喜一憂《いっきいちゆう》せず、淡々《たんたん》と題目を唱《とな》え抜《ぬ》いていくことだ。必《かなら》ず道は開かれる。

そして、その尊《とうと》い体験《たいけん》こそが、あとに続《つづ》く後輩《こうはい》たちへ、何よりの希望の励《はげ》ましとなっていくのである。

＊

アメリカの未来学者ヘンダーソン博士が、ご自身のお母様に捧《ささ》げた詩《し》の一節《いっせつ》を婦人部の皆様《みなさま》に贈《おく》りたい。

「本当の勇気とは／日々、人のために働《はたら》くこと。
本当の勇気とは／見返《みかえ》りも賞讃《しょうさん》も求《もと》めずに／未来を信じ続《つづ》けること」

未来を創《つく》るのは、今だ。

だからこそ、「信心の炎《ほのお》」をいよいよ燃《も》え上《あ》がらせ、勇気凜々《りんりん》、思いきって、この一日を、この一カ月を、この一年を、走《はし》り抜《ぬ》こう！

私も〝創価の母〟である婦人部の皆様《みなさま》とともに、創立《そうりつ》百周年の未来を盤石《ばんじゃく》にするため、〝今再《ふたた》びの常勝《じょうしょう》の陣列《じんれつ》を！〟と祈《いの》り、幸福勝利へ励《はげ》ましの春風《しゅんぷう》を送《おく》り続《つづ》けていく決心《けっしん》である。

日々、世界を照《て》らしゆく、新鮮《しんせん》なる「幸福の太陽」と輝《かがや》く婦人部、万歳《ばんざい》！

私とともに、苦労《くろう》を喜《よろこ》びに変えて、今日《きょう》も、明日《あした》も、朗《ほが》らかに、勝利、勝利、
また勝利の人生を！

妙法《みょうほう》の
無量無辺《むりょうむへん》の
功徳《くどく》をば
浴《あ》びたる貴女《あなた》の
生命《いのち》は健《すこ》やか

（1） *Teacher : Anne Sullivan Macy*, Doubleday & Company

第二章

メッセージ

イタリアの少年少女と記念撮影
（1992年　イタリア）

ニューヨークの同志《とも》を励ます
池田香峯子ＳＧＩ名誉女性部長
（1996年　アメリカ）

ボリビアＳＧＩの婦人部を激励　（2004年）

韓国の友から贈られた韓服を着用（1998年　韓国）

アフリカ・ザンビアの友に励ましを　(2007 年)

第1回「世界女性平和会議」
輝《かがや》き光る幸福勝利の金舞《きんまい》を

二〇一四年十一月六日

これほど明るい笑顔《えがお》に満《み》ち、これほど麗《うるわ》しい和楽《わらく》に包《つつ》まれ、そして、これほど希望と喜《よろこ》びあふれる平和会議が、いずこにあるでしょうか！

ここに、「女性の世紀」の新時代が晴《は》れ晴《ば》れと告《つ》げられました。誠《まこと》に誠に、おめでとうございます！　本日のブラジル、東北、ドイツのリーダーの方々《かたがた》の尊《とうと》き感動の活動報告の内容も、妻から詳《くわ》しく聞きながら、二人して何回も拍手《はくしゅ》をしておりました。

きょうは、敬愛《けいあい》する皆《みな》さん方《がた》に、三点、エールを送《おく》らせていただきます。

第一に、「題目の渦《うず》で幸福勝利の金舞《きんまい》を舞《ま》いゆけ！」ということであります。

今朝《けさ》、私は妻と、あらためて、千日尼《せんにちあま》への御聖訓《ごせいくん》の一節《いっせつ》を拝《はい》しました。

すなわち、「ただ法華経ばかりが女人成仏《にょにんじょうぶつ》の経《きょう》であり、悲母《ひも》（優《やさ》しき母）の恩《おん》を報《ほう》ずる真実の『報恩の経』であると見極《みきわ》めました。そこで、悲母への恩を返すために、この経の題目を一切の女人に唱《とな》えさせようと誓願《せいがん》したのです」（御書一三一一ページ《ジ》、通解）との仰《おお》せです。

「女人成仏《にょにんじょうぶつ》」、つまり女性の絶対にして永遠《えいえん》の幸福の軌道《きどう》を、完璧《かんぺき》に説《と》き明《あ》かした生命の法理《ほうり》は、妙法以外《みょうほういがい》にありません。

題目を唱《とな》え、題目を弘《ひろ》める。ここに初《はじ》めて、万人《ばんにん》が母に最高無上《むじょう》の親孝行《おやこうこう》をする道も開かれます。

日蓮大聖人のお心のままに、祈《いの》り抜《ぬ》き、祈り切る——この創価の女性たちの決定《けつじょう》した信力《しんりき》・行力《ぎょうりき》こそが、無限《むげん》の仏力《ぶつりき》・法力《ほうりき》を涌現《ゆげん》し、ありとあらゆる三障四魔《さんしょうしま》を打《う》ち破《やぶ》って、まさしく奇跡《きせき》というべき世界広宣流布《こうせんるふ》を成《な》し遂《と》げてきたのです。

これからも多事多難《たじたなん》な時代であればあるほど、いやまして大宇宙《だいうちゅう》の究極《きゅうきょく》の音律《おんりつ》たる題目の渦《うず》で、青《あお》き地球《ちきゅう》を包《つつ》んでいってください。

そして、かの竜女《りゅうにょ》が「我《わ》が成仏《じょうぶつ》を観《み》よ」（法華経四〇九ジペー）と声高《こえたか》らかに叫《さけ》んで、皆《みな》を大歓喜《だいかんき》させていったように、皆さん一人ひとりの輝《かがや》き光《ひか》る幸福勝利の金舞《きんまい》を、世界へ、未来へ示《しめ》しきっていただきたいのであります。

第二に、「焦《あせ》らず楽しく福運《ふくうん》と人材《じんざい》の種《たね》を蒔《ま》きゆけ！」ということであります。

このほど、横浜市の鶴見区《つるみく》に日本最大級《さいだいきゅう》となる神奈川の新講堂《しんこうどう》（神奈川池田記念講堂）が誕生《たんじょう》しました。

私の心には、この鶴見《つるみ》で青春時代、苦楽《くらく》を分《わ》かち合《あ》い、ともに広布の聖火《せいか》を炎上《えんじょう》させてきた、忘《わす》れ得《え》ぬ草創《そうそう》の母たちの喜《よろこ》びの涙《なみだ》の顔が浮《う》かんでまいりました。

当時《とうじ》、夫《おっと》の病《やまい》と生活苦のどん底《ぞこ》で戦《たたか》う一人の母の家を訪《たず》ねた折《おり》、「この貧乏《びんぼう》はいつまで続《つづ》くんでしょうか？」と尋《たず》ねられたことがあります。

若《わか》き私は、大確信《だいかくしん》を込《こ》めて申《もう》し上《あ》げました。

「末法《まっぽう》の功徳《くどく》は冥益《みょうやく》です。薄紙《うすがみ》も毎日一枚ずつ重《かさ》ねていけば、十年、二十年もすると、見上《みあ》げるようになります。信心は境涯《きょうがい》革命ですよ。必《かなら》ず幸《しあわ》せになります」と。

その通《とお》りの見事《みごと》な境涯革命《きょうがいかくめい》の実証《じっしょう》を、創価の母たちは、いずこにあっても打《う》ち立《た》て、後継《こうけい》の人材《じんざい》を育《そだ》て上《あ》げてくれました。

仏法の世界には一つも無駄《むだ》はありません。

「煩悩即菩提《ぼんのうそくぼだい》」であるゆえに、今、苦労《くろう》した分だけ、大きく境涯《きょうがい》を開くことができる。

「因果倶時《いんがぐじ》」であるゆえに、今、真心《まごころ》を込《こ》めて激励《げきれい》した分だけ、未来のリーダーが育《そだ》つのです。

何があっても、焦《あせ》らず楽しく、学会活動という福運《ふくうん》の種《たね》を、また、励《はげ》ましという人材《じんざい》の種を蒔《ま》いていってください。

その陰徳《いんとく》こそが、時とともに計《はか》り知《し》れない陽報《ようほう》を咲《さ》かせていくからです。

第三に、「女性の団結《だんけつ》の輪《わ》で平和の世界を勝ち開け！」ということであります。

恩師《おんし》・戸田城聖《じょうせい》先生は、女子部の友に語られました。

「鎖《くさり》の輪《わ》は、一つ一つガッチリと組《く》み合《あ》って、切れることがない。人間も同じだ。心強き一人ひとりが、固《かた》く手を結《むす》べば、広宣流布は必《かなら》ず進む。人と人との輪をつくりなさい」と。

世界の婦人部そして女子部が、広宣流布の師弟《してい》を中心として、国を超《こ》え、民族《みんぞく》を超え、信心で結《むす》ばれ、誓願《せいがん》で結ばれ、異体同心《いたいどうしん》の同志愛《どうしあい》で結ばれていく限《かぎ》り、我《われ》らＳＧＩは未来永劫《えいごう》に盤石《ばんじゃく》である。

そして、この創価の女性の団結《だんけつ》の輪《わ》がある限《かぎ》り、いかなる国際社会の激動《げきどう》にあっても、断固《だんこ》として平和の世界を守《まも》り、勝ち開いていくことができる。

このことを、きょう、ここに集《つど》われた代表《だいひょう》の皆《みな》さんと共々《ともども》に、大宣言《だいせんげん》したいと思いますが、いかがでしょうか！

皆《みな》さん方《がた》の題目のおかげで、私も妻も、ますます元気です。

いわんや、皆《みな》さんは、まだまだ若《わか》い。これからが勝負《しょうぶ》です。

どうか、生命哲学の賢者《けんじゃ》として体《からだ》を大事にし、断《だん》じて健康長寿《ちょうじゅ》の人生であってください。私たち夫婦《ふうふ》と一緒《いっしょ》に、創価家族と一緒に、強く朗《ほが》らかに、一歩一歩《いっぽいっぽ》、前に進んでいきましょう！

お互《たが》いに、一人でも多くの友を励《はげ》ませるよう、一人でも多くの人を幸せにできるよう、深《ふか》く真剣《しんけん》に祈《いの》りながら、常楽我浄《じょうらくがじょう》の大行進《だいこうしん》をしていこうではありませんか！

大切な大切なご一家のご多幸《たこう》、そして、全《すべ》ての国土《こくど》の平和と安定《あんてい》、栄光《えいこう》と繁栄《はんえい》を、私は祈《いの》り続《つづ》けてまいります。

各国・各地域の同志《どうし》に、くれぐれもよろしくお伝《つた》えください。いついつまでも、お元気で！

第2回「世界女性平和会議」

私の人間革命から希望は広がる！

二〇一五年十一月十九日

「女性の世紀」「生命の世紀」の颯爽《さっそう》たるトップランナーの集《つど》い、誠《まこと》におめでとうございます！

憧《あこが》れの天地《てんち》ボリビア、イタリア、アメリカのリーダーの方々《かたがた》の素晴《すば》らしい活動報告も、また、各国・各地の皆《みな》さん方《がた》の目覚《めざ》ましい大前進の模様《もよう》も、一つ一つ、妻と胸《むね》を熱《あつ》くして伺《うかが》っております。

「一代聖教《いちだいしょうぎょう》の中には法華経第一・法華経の中には女人成仏《にょにんじょうぶつ》第一なり」（御書一三一一ジ《ペー》）と宣言《せんげん》なされた日蓮大聖人が、この晴《は》れ姿《すがた》を、さぞかし喜《よろこ》ばれ、讃《たた》えておられることでありましょう。

第二回の「世界女性平和会議」に当《あ》たり、三点のエールを送《おく》らせていただきます。

第一に、「一人を大切に！　ともに生命の『幸福の都《みやこ》』を」ということです。

人間は、誰《だれ》もが幸《しあわ》せを開く智慧《ちえ》と力《ちから》を持って生まれてきました。この一人の智慧と力を無限《むげん》に解《と》き放《はな》ちゆく源泉《げんせん》が、妙法《みょうほう》の信仰《しんこう》であります。

日蓮大聖人は、日女御前《にちにょごぜん》に、「此《こ》の御本尊全《まった》く余所《よそ》に求《もとむ》る事《こと》なかれ・只我《ただわ》れ等衆生の法華経を持《たも》ちて南無妙法蓮華経と唱《とな》うる胸中《きょうちゅう》の肉団《にくだん》におはしますなり、是《これ》を九識心王真如《くしきしんのうしんにょ》の都《みやこ》とは申《もう》すなり」（御書一二四四ページ）と仰《おお》せになられました。

創立《そうりつ》の父・牧口先生も、御書に線《せん》を引《ひ》かれていた御聖訓《ごせいくん》であります。

人類《じんるい》が探《さが》し求《もと》めてやまなかった究極《きゅうきょく》の「幸福の都《みやこ》」が、他《ほか》のどこでもない、汝《なんじ》自身の「胸中《きょうちゅう》の肉団《にくだん》」にあることを、明確《めいかく》に教《おし》えてくださっております。

そして、どんな厳《きび》しい宿命《しゅくめい》に苦しむ女性にも、この究極《きゅうきょく》の「生命尊厳《そんげん》の哲理《てつり》」を示《しめ》して、一人ひとりを抱《だ》きかかえ、一緒《いっしょ》に涙《なみだ》して題目を唱《とな》えながら、「幸福の都《みやこ》」を輝《かがや》かせてきたのが、わが婦人部、わが女子部の皆《みな》さん方《がた》であります。

私たちの大切な友人で、幅広《はばひろ》い女性を糾合《きゅうごう》して、北アイルランド紛争《ふんそう》の解決《かいけつ》に尽力《じんりょく》されたベティ・ウィリアムズさんも語られています。

「まずは、ひとりの人間を救《すく》ってください。ひとりというのは巨大《きょだい》な数《かず》です。もしあなたがひとりを救うならば、あなたは十人を救うことにもなるのです。そのひとりは、自分のまわりにいる他の十人を教育するからです」(1)と。

一人の蘇生《そせい》、なかんずく一人の女性の勇気と希望の「人間革命」の波動《はどう》は計《はか》り知れません。

第二に、「太陽の心で！　仏縁《ぶつえん》と人材《じんざい》の花園《はなぞの》を」と申《もう》し上《あ》げたい。

日蓮仏法は太陽の仏法です。ゆえに、行学《ぎょうがく》の二道に励《はげ》み、仏法を学び行《ぎょう》ずる生命も、縁《えん》するすべてを照《て》らし、温《あたた》めゆける太陽の光《ひかり》と熱《ねつ》を帯《お》びるのです。

もう六十年以上前、私は戸田先生の名代《みょうだい》として、足《あし》かけ三年間にわたって、埼玉県へ御書講義《こうぎ》に通《かよ》いました。

この時、ともに学んだお母さんも、「世界最高の大仏法に巡《めぐ》り合《あ》い、心に太陽が昇《のぼ》りました！」と喜《よろこ》ばれ、私がお渡《わた》しした講義《こうぎ》の「修了証書《しゅうりょうしょうしょ》」を家宝《かほう》としてくれました。

そして、自《みずか》らの生活苦や心臓疾患《しんぞうしっかん》など、幾多《いくた》の悩《なや》みも、一つ一つ克服《こくふく》しながら、数《かぞ》えきれないほどの仏縁《ぶつえん》を結《むす》び、人材《じんざい》を育《はぐく》んできたのです。

母は語っています。「題目を一生懸命《いっしょうけんめい》、唱《とな》えておりますと、あの人にもこの人にもと、不幸《ふこう》な人が眼前《がんぜん》にちらついて、もうじっとはしていられないのです」と。

この太陽の心を、お子さんやお孫《まご》さん方《がた》も、後輩《こうはい》たちも歓喜踊躍《かんきゆやく》して、誇《ほこ》り高く受《う》け継《つ》いでいます。

信心の世界には、少しも無駄《むだ》はありません。世界のいずこにあっても、皆《みな》さんの太陽の心があるところ、そこから必《かなら》ず、仏縁《ぶつえん》と人材《じんざい》の花園《はなぞの》が薫《かお》っていくのであります。

第三に、「慈愛《じあい》の陰徳《いんとく》から！　平和の陽報《ようほう》の連帯《れんたい》を」と申《もう》し上《あ》げたい。

私が対談集《たいだんしゅう》を発刊《はっかん》したアメリカの未来学者へイゼル・ヘンダーソン博士は、「愛情《あいじょう》の経済《けいざい》」という考え方を提唱《ていしょう》されています。

博士は、「家庭《かてい》やコミュニティ内《ない》での互《たが》いを大切に思いやることや介護《かいご》、分《わ》かち合《あ》いなど、小粒《こつぶ》でもキラリと輝《かがや》く無数《むすう》の活動」の意義《いぎ》が、各国の経済政策《けいざいせいさく》のなかで、あまりにも見落《みお》とされてきたと警鐘《けいしょう》を鳴《な》らしているのです。(2)

女性たちが家事《かじ》や育児《いくじ》、介護《かいご》、地域奉仕《ほうし》などのために無償《むしょう》で働《はたら》いている労働《ろうどう》――すなわち「愛情《あいじょう》の経済《けいざい》」が、どれほど人類《じんるい》を大きく豊《ゆた》かに支《ささ》えているかを強調《きょうちょう》しておられるのであります。

博士を、この「愛情《あいじょう》の経済《けいざい》」の研究《けんきゅう》へ導《みちび》いたのも、お母さんです。お母さんは、年配者《ねんぱいしゃ》や障《しょう》がい者《しゃ》、また乳幼児《にゅうようじ》のためのボランティア活動へと励《はげ》むなか、どんなに忙《いそが》しくとも、四人の子どもたちに優《やさ》しく向《む》かい合《あ》ってくれました。

「私たちには、他《ほか》の人々の人生を少しでも良《よ》くする力《ちから》がある——これが母から学んだ、非常《ひじょう》に重要《じゅうよう》な教《おし》えでした」と、博士は語っておられます。

「陰徳《いんとく》あれば陽報《ようほう》あり」（御書一一七八ジペー）です。今日、SGIの婦人部・女子部が揺《ゆ》るぎない民衆《みんしゅう》の平和勢力《せいりょく》と発展《はってん》したことも、皆《みな》さん方《がた》一人ひとりの尊《とうと》き慈愛《じあい》の「陰徳」の積《つ》み重《かさ》ねが、平和の「陽報」の連帯《れんたい》となったと、私は確信《かくしん》してやみません。

生老病死《しょうろうびょうし》の課題《かだい》が切実《せつじつ》な現代社会だからこそ、さらにさらに常楽我浄《じょうらくがじょう》の希望の生命哲理《てつり》を掲《かか》げて、励《はげ》ましのネットワークを賢《かしこ》く力強《ちからづよ》く拡大《かくだい》していこうではありませんか！

ともあれ、かけがえのない創価の宝《たから》の皆《みな》さんです。皆《みな》さん方《がた》が健康で長生《ながい》きしていただくことが、家庭《かてい》も地域も、社会も世界も守《まも》り、勝ち栄《さか》えさせゆく何よりの原動力《げんどうりょく》です。

私と妻は、これからもずっと皆《みな》さん一人ひとりに題目を送《おく》り続《つづ》けてまいります。

どうか、ともどもに、「冬は必《かなら》ず春となる」（御書一二五三ページ）の逆転《ぎゃくてん》勝利の物語《ものがたり》を、底抜《そこぬ》けに明るく朗《ほが》らかに創《つく》り綴《つづ》っていこうではありませんか！

（1）『絶望から立ち直る方法を教えてください』野村正次郎・根本裕史訳、アスペクト
（2）『〈片側経済〉との訣別』柴田譲治訳、バベルプレス

第三章

新・人間革命

『新・人間革命』第24巻
「母の詩《うた》」（抜粋）

一九七六年（昭和五十一年）九月五日、東京・八王子の創価大学で開催された'76東京文化祭に、山本伸一は出席した。

山本伸一《やまもとしんいち》は、文化祭の終了後も、来賓《らいひん》との懇談《こんだん》や見送《みおく》りが続《つづ》き、一段落《いちだんらく》したのは、午後八時前であった。母のいる東京・大田区《おおたく》の実家《じっか》に向《む》かおうとした時、母の容体《ようだい》が急変《きゅうへん》したとの連絡《れんらく》が入った。彼は、夜空《よぞら》を仰《あお》いだ。今日一日の彼の戦《たたか》いを、母が見守《みまも》っていてくれたような気がした。

車の中で、伸一は、母を案《あん》じて唱題《しょうだい》した。

彼が実家《じっか》に着《つ》いたのは、午後九時過《す》ぎであった。

幸《さいわ》いなことに、まだ、母の意識《いしき》はあった。家族から、「もうじき伸一が来るからね」と言われ、遠《とお》のく意識と、懸命《けんめい》に闘《たたか》って待《ま》っていたのかもしれない。

伸一は、横《よこ》たわる、母・幸《さち》の手を、握《にぎ》り締《し》めた。母も、彼の手を握り返《かえ》そうとしているようであったが、指先《ゆびさき》が動《うご》くだけで、力《ちから》は感じられなかった。

彼は、持参《じさん》してきた花束や、母を知る同志《どうし》からの見舞《みま》いの品々《しなじな》を見せ、枕元《まくらもと》に置《お》いた。

「ありがとう……」と言うように口を動《うご》かし、ニッコリと微笑《ほほえ》んで、静《しず》かに頷《うなず》いた。

それからほどなく、目を閉《と》じ、静《しず》かな寝息《ねいき》をたて始《はじ》めた。

伸一は、母への報恩《ほうおん》感謝の思いを込《こ》めて、仏壇《ぶつだん》に向《む》かい、一心《いっしん》に唱題《しょうだい》した。

しばらくして、再《ふたた》び、母の顔を覗《のぞ》き込《こ》んだ。その時、うっすらと目を開《あ》けた。

それから、深《ふか》い眠《ねむ》りについたようだ。

伸一は、幾筋《いくすじ》もの皺《しわ》が刻《きざ》まれた、母の顔を見ながら、八十年の来《こ》し方《かた》を思った。

母の幸《さち》は、一八九五年（明治《めいじ》二十八年）、東京府荏原郡《とうきょうふえばらぐん》の古市場《ふるいちば》（大田区内）の農《のう》家《か》に、長女として生まれた。幸の娘《むすめ》時代を知る縁者《えんじゃ》の話では、裁縫《さいほう》が上手《じょうず》で、負《ま》けず嫌《ぎら》いだが、優《やさ》しい心の持《も》ち主《ぬし》であったという。

幸《さち》が、父・宗一《そういち》と結婚《けっこん》したのは、一九一五年（大正四年《たいしょう》）であった。〝強情《ごうじょう》さま〟と呼《よ》ばれた頑固一徹《がんこいってつ》な父のもとで、家業《かぎょう》の海苔《のり》の養殖《ようしょく》を懸命《けんめい》に支《ささ》えた。しかし、その家業も、関東大震災《かんとうだいしんさい》のころを境《さかい》に傾《かたむ》き始《はじ》め、さらに、宗一がリウマチで寝込《ねこ》むようになっていった。

宗一《そういち》と幸《さち》の間《あいだ》には、男七人、女一人の子どもがいた。伸一は、その五男《ごなん》として育《そだ》った。しかも、父母は、さらに、親類《しんるい》の子を二人、引《ひ》き取《と》って育てたのである。

伸一は、母の働《はたら》く姿《すがた》しか思い出すことはできない。家事《かじ》だけでも大変なうえに、海苔製造《のりせいぞう》という家業《かぎょう》を担《にな》うのだ。寝《ね》ている母の姿を見た記憶《きおく》は、ほとんどなかった。

潮《しお》の干満《かんまん》の時刻《じこく》によって異《こと》なるが、海苔《のり》を採取《さいしゅ》するには、午前二時か三時には起床《きしょう》し、朝食をとってから仕事《しごと》を始《はじ》める。その食事のしたくをするために、母の幸《さち》は、皆《みな》より早く、午前一時か二時には起《お》きねばならない。朝食の後片付《あとかたづ》けを手《て》早《ばや》くすませ、海苔採《と》りに出る。冬の海、日《ひ》の出前《でまえ》の作業《さぎょう》は、寒《さむ》さとの戦《たたか》いである。母の手は、アカギレだらけであったことを、伸一は覚《おぼ》えている。彼も、幼少《ようしょう》期《き》から家業《かぎょう》を手伝《てつだ》った。

採《と》った海苔《のり》は、早く干《ほ》し上《あ》げなければならない。母は、休息《きゅうそく》の時間など、全《まった》く取《と》れなかったようだ。風邪《かぜ》をひいても、休《やす》もうとはしなかった。

子どもたちは、気づかなかったが、後年《こうねん》、母は、こう語っていた。

「昼ご飯など、食べる暇《ひま》はなかったよ」

幼《おさな》いころから、母は、よく伸一に、二つのことを言って聞かせた。

「他人《たにん》に迷惑《めいわく》をかけてはいけません」「嘘《うそ》をついてはいけません」

そして、伸一が少年期《しょうねんき》に入《はい》ったころから、「自分で決意《けつい》したことは、責任《せきにん》をもってやり遂《と》げなさい」という言葉が加《くわ》わった。

伸一は、平凡《へいぼん》ではあるが、人間として最《もっと》も大切なことを、母から教《おそ》わったと、深《ふか》く感謝している。

やがて、時代は、戦争《せんそう》の泥沼《どろぬま》へと突入《とつにゅう》していく。働《はたら》き手《て》である四人の兄たちが、次々《つぎつぎ》と兵隊《へいたい》にとられ、一家の暮《く》らしは窮乏《きゅうぼう》していった。しかし、母は、「うちは貧乏《びんぼう》の横綱《よこづな》だ」と笑《わら》い飛《と》ばしながら、わずかな菜園《さいえん》で野菜《やさい》を育《そだ》て、懸命《けんめい》に働いた。

兄たちが兵隊《へいたい》にとられてから、仲一は一家を守《まも》り支《ささ》えねばならなかった。しかし、その彼が、結核《けっかく》にかかってしまった。

それでも、病《やまい》と闘《たたか》いながら、軍需工場《ぐんじゅこうじょう》に通《かよ》った。母は、そんな彼を心配《しんぱい》し、食糧《しょくりょう》が満足《まんぞく》にないなか、卵《たまご》など、少しでも栄養価《えいようか》の高いものを、用意《ようい》してくれた。

終戦《しゅうせん》の年となる一九四五年（昭和《しょうわ》二十年）の春のことであった。それまで住《す》んでいた蒲田区糀谷《かまたくこうじや》にあった家が、空襲《くうしゅう》による類焼《るいしょう》を防《ふせ》ぐために取《と》り壊《こわ》しが決まり、強制疎開《きょうせいそかい》させられることになった。やむなく近《ちか》くの親戚《しんせき》の家の敷地《しきち》に、一棟《ひとむね》を建《た》て、越《こ》すことにした。家具《かぐ》も運《はこ》び、いよいよ、皆《みな》で暮《く》らすことになった五月、空襲があった。その家も、焼夷弾《しょういだん》にやられ、全焼《ぜんしょう》してしまったのである。

仲一と弟が、やっとの思いで、火のなかから、一つの長持《ながもち》を運《はこ》び出《だ》した。しかし、そこに入っていたのは、雛人形《ひなにんぎょう》と一本のコウモリ傘《がさ》であった。

落胆《らくたん》して、言葉も出なかった。その時、母は、快活《かいかつ》に言った。

「このお雛様《ひなさま》が飾《かざ》れるような家に、また、きっと住《す》めるようになるよ……」

この言葉に、皆《みな》、どれだけ元気づけられたことか。

「明るい性格《せいかく》は、財産《ざいさん》よりももっと尊《とうと》いものである」(1)とは、アメリカの実業家《じつぎょうか》カーネギーの洞察《どうさつ》である。

そのころ、こんな出来事《できごと》があった。

やはり、空襲《くうしゅう》を受《う》けた時のことだ。夜が明《あ》け始《はじ》めた空に、一つの落下傘《らっかさん》が見えた。高射砲《こうしゃほう》で撃墜《げきつい》された、「B29」から脱出《だっしゅつ》した米軍《べいぐん》の兵士《へいし》であろう。

落下傘《らっかさん》は、見る見る地上《ちじょう》に近《ちか》づき、伸一の頭上《ずじょう》を通《とお》り過《す》ぎていった。

彼は、その米兵《べいへい》の顔を、しっかりと見た。二十歳《はたち》を過《す》ぎたばかりだろうか。

十七歳の自分と、それほど年齢《ねんれい》も違《ちが》わない、若《わか》い米兵の姿《すがた》に、伸一は、少なからず衝撃《しょうげき》を覚《おぼ》えた。

「鬼畜米英《きちくべいえい》」と教《おし》えられ続《つづ》けてきたが、目《ま》の当《あ》たりにしたのは、決《けっ》して「鬼畜」などではなかった。色《いろ》の白い、まだ、少年《しょうねん》の面影《おもかげ》の残《のこ》る若者《わかもの》であった。

伸一は、この米兵《べいへい》がどうなったか、気がかりでならず、大人《おとな》たちに聞いた。

――米兵《べいへい》の青年は、集《あつ》まって来た人びとに、棒《ぼう》でさんざん殴《なぐ》られたあと、やって来た憲兵《けんぺい》に目隠《めかく》しをされて、連行《れんこう》されたとのことであった。

伸一は、敵兵《てきへい》とはいえ、胸《むね》が痛《いた》んだ。

家に帰《かえ》り、その話を、母に伝《つた》えた。母は、顔を曇《くも》らせ、悲《かな》しい目をして言った。

「かわいそうに！　怪我《けが》をしていなければいいけど。その人のお母さんは、どんなに心配《しんぱい》していることだろう……」

母の口から、真《ま》っ先《さき》に出たのは、若《わか》い米兵《べいへい》の身《み》を案《あん》ずる言葉であった。

米英《べいえい》への憎悪《ぞうお》を煽《あお》り立《た》てられ、婦人たちも竹槍訓練《たけやりくんれん》に明《あ》け暮《く》れていた時代である。しかし、四人の息子《むすこ》の生還《せいかん》を願《ねが》い、心を痛《いた》めていた母は、米兵《べいへい》の母親に、自分を重《かさ》ね合《あ》わせていたのであろう。

わが子を愛し、慈《いつく》しむ母の心には、敵《てき》も味方《みかた》もない。それは、人間愛と平和の原点《げんてん》である。その母の心に立《た》ち返《かえ》る時、どんなに複雑《ふくざつ》な背景《はいけい》をもち、もつれた国家間の戦争《せんそう》の糸《いと》も、必《かなら》ず解《と》きほぐす手がかりが生まれよう。

仲一は、母から、気づかぬうちに、人間そのものに眼《め》を向《む》けて、平和を考《かん》える視点《してん》を教《おし》えられていたのかもしれない。

戦後《せんご》、仲一は、東京・神田《かんだ》の三崎町《みさきちょう》にある東洋商業《とうようしょうぎょう》（後《のち》の東洋高校）の夜間部《やかんぶ》に学んだ。彼が授業《じゅぎょう》を終《お》えて、自宅《じたく》に戻《もど》るのは、いつも午後十時前後であった。

朝の早い仲一の家は、夜は、皆《みな》、早く床《とこ》に就《つ》いた。

しかし、母親だけは、いつも起《お》きて待《ま》っていてくれた。物資不足《ぶっしぶそく》の時代が続《つづ》いていたが、ウドンやスイトン、ふかした芋《いも》などが用意《ようい》されていた。そして、彼の健康を気遣《きづか》い、決まって、「大変だったね」と、優《やさ》しい言葉をかけてくれるのである。

その一言《ひとこと》に、仲一は、母の限《かぎ》りない愛を感じ、どれほど癒《いや》されたか、計《はか》り知《し》れない。

明るく、忍耐強《にんたいづよ》かった母。どんな時も、笑顔《えがお》を失《うしな》わなかった母――。

仲一は、その母が、声を押《お》し殺《ころ》し、背中《せなか》を震《ふる》わせて、すすり泣《な》く後《うし》ろ姿《すがた》を目にしたことがあった。一九四七年（昭和二十二年）五月、長兄《ちょうけい》・喜久夫《きくお》が、ビルマ（ミャンマー）で戦死《せんし》したとの公報《こうほう》が届《とど》いた時である。

悲嘆《ひたん》に暮《く》れる母の姿《すがた》に、仲一は、残酷《ざんこく》な戦争《せんそう》への激《はげ》しい憤怒《ふんぬ》が込《こ》み上《あ》げてきた。とともに、子を思う母の愛の深《ふか》さを、まざまざと感じ、兄の分まで自分が母孝行《こうこう》しなくてはと、固《かた》く心に誓《ちか》った。

やがて、戸田城聖《じょうせい》に師事《しじ》するようになった仲一は、家を離《はな》れ、ひとり暮《ぐ》らしを始《はじ》めることになる。戸田の事業《じぎょう》が行き詰《づ》まると、給料《きゅうりょう》の遅配《ちはい》が続《つづ》き、服《ふく》も靴《くつ》も満《まん》足《ぞく》に買《か》うことができなくなった。穴《あな》の開《あ》いた靴下《くつした》を、自分で繕《つくろ》って履《は》くような日々が続いた。

〝家に帰《かえ》って、もっと親孝行《おやこうこう》もしたい〟との、強い思いもあった。だが、仲一は、心に決めていた。

〝広宣流布の指導者《しどうしゃ》は、戸田先生しかいない。自分が先生の事業《じぎょう》を支《ささ》えなければ、広宣流布もまた、破綻《はたん》をきたすことになる！　今が、自分にとっても、先生にとっても、また、学会にとっても正念場《しょうねんば》なのだ！〟

御聖訓《ごせいくん》には、「法華経を持《たも》つ人は父と母との恩《おん》を報《ほう》ずるなり」（御書一五二八ページ）とある。自身が、正法《しょうほう》を持ち、強い信心に立《た》つことが、父母への最高の親孝行《おやこうこう》になるとの仰《おお》せである。彼は、この御文《ごもん》を胸《むね》に刻《きざ》んで、苦闘《くとう》の青年時代を生《い》き抜《ぬ》いてきたのである。

ひとり暮《ぐ》らしを続《つづ》ける伸一を、母は、よく気遣《きづか》ってくれた。家の者《もの》に託《たく》して、外食券《がいしょくけん》や菓子《かし》を届《とど》けてくれたこともあった。外食券というのは、戦中《せんちゅう》、戦後《せんご》の主食統制下《しゅしょくとうせいか》で、外食する人に対《たい》して、米穀《べいこく》の配給《はいきゅう》の代《か》わりに発《はっ》行《こう》された券である。

洗濯物《せんたくもの》についても、どうしているのかと、陰《かげ》で心を配《くば》り、助《たす》けてくれたこともあった。

また、伸一と峯子《みねこ》の結婚《けっこん》を、誰《だれ》よりも、喜《よろこ》んでくれたのも母であった。

父・宗一《そういち》は、一九五六年（昭和三十一年）十二月十日、六十八歳で他界《たかい》した。母の幸《さち》と、二人三脚《ににんさんきゃく》で歩《あゆ》み抜《ぬ》いてきた生涯《しょうがい》であった。

伸一は、その日の日記《にっき》に、こう記《しる》した。

「私を、これまで育《そだ》ててくれた、厳《きび》しき、優《やさ》しき父が、死んでしまった。嗚呼《ああ》。大なる親孝行《おやこうこう》できず、残念《ざんねん》。われ、二十八歳。旧《ふる》き、実直《じっちょく》な父。封建的《ほうけんてき》な、誠実《せいじつ》な、スケール大なる父。

無口《むくち》の中に、一度も、叱《しか》られしことなきを反省《はんせい》す」

「御守御本尊様を奉戴《ほうたい》し、読経《どきょう》、唱題《しょうだい》、回向《えこう》を一時間。

残《のこ》されし、悲《かな》しげな母の姿《すがた》に涙《なみだ》す」

母は、広宣流布の大師匠《だいししょう》・戸田城聖《じょうせい》に仕《つか》え抜《ぬ》く伸一のために、題目を送《おく》ってくれた。

父は、信心はしなかったが、「伸一は、戸田先生に差《さ》し上《あ》げたもの」と言って、彼を温《あたた》かく見守《みまも》ってくれていた。

伸一は、父が、最高峰《さいこうほう》の日蓮仏法に帰依《きえ》することを、朝な夕な祈念《きねん》し、機《き》の熟《じゅく》するのを待《ま》っていた。

戸田は、ある時、伸一に言った。

「君《きみ》が強盛《ごうじょう》な信心に立つことだ。大きく、立派《りっぱ》な傘《かさ》ならば、一つに何人《なんにん》も入ることができる。同じように、家族で、まず誰《だれ》か一人が頑張《がんば》れば、みんなを守《まも》っていくことができる。君が必死《ひっし》になって頑張り抜《ぬ》いた功徳《くどく》、福運《ふくうん》は、お父さんにも回向《えこう》されていくよ。

それに、お父さんは、既《すで》に心は学会員だ。陰《かげ》では応援《おうえん》してくれているはずだ。また、君《きみ》のことを、最高の誇《ほこ》りにしているだろう」

父は、戸田に絶対《ぜったい》の信頼《しんらい》を寄《よ》せていたし、学会のことも、深《ふか》く理解《りかい》していた。

それでも、父が、信心せずに一生《いっしょう》を終《お》え、最高の親孝行《おやこうこう》ができなかったことが、伸一は、やはり、心残《こころのこ》りであった。

彼は、父が他界《たかい》した日、十年ぶりに実家《じっか》に泊《と》まった。

父の遺体《いたい》の横《よこ》で、回向《えこう》の唱題《しょうだい》をした。広宣流布に生涯《しょうがい》を捧《ささ》げ抜《ぬ》き、父の恩《おん》に報《むく》いようとの誓《ちか》いを込《こ》めて――。

父の入棺《にゅうかん》の時、母は、慟哭《どうこく》した。伸一が、初《はじ》めて目にする母の姿《すがた》であった。

彼は、日記《にっき》に綴《つづ》った。

「……父との旅《たび》。母の心情《しんじょう》は、心境《しんきょう》は誰人《たれびと》にもわからぬであろう。長い、楽しい、苦しい、旅路《たびじ》であったことであろう。英知《えいち》、地位《ちい》、財産《ざいさん》、虚栄《きょえい》、すべてを超越《ちょうえつ》した、真実《しんじつ》の愛の妻の涙《なみだ》であろう。

ああ平凡《へいぼん》の中の、偉大《いだい》なる母、そして父よ」

その後、兄弟たちも、次々《つぎつぎ》と信心を始《はじ》めた。

母は、次兄《じけい》とともに暮《く》らし、懸命《けんめい》に信心に励《はげ》んだ。そして、伸一が、元気に、広宣流布のために活躍《かつやく》できるようにと、いつも真剣《しんけん》に祈《いの》り続《つづ》けてくれていた。

仲一は、努《つと》めて母と会おうと思っていたが、なかなか時間が取《と》れず、足を運《はこ》ぶことができた回数《かいすう》は、決《けっ》して多くはなかった。

彼は、せめてもの感謝の気持《きも》ちとして、折《おり》あるごとに伝言《でんごん》を添《そ》えて、着物《きもの》など、心づくしの贈《おく》り物《もの》を届《とど》けた。妻の峯子《みねこ》と三人の子どもたちも、幸《さち》を心から慕《した》っていた。

仲一は、第三代会長に就任《しゅうにん》すると、ますます多忙《たぼう》を極《きわ》め、母とゆっくり会う機《き》会《かい》はめったになかった。でも、会えば母は、「私のことは、何も心配《しんぱい》しないでいいから。体《からだ》だけは丈夫《じょうぶ》にね」と言うのである。

また、何かあると、江戸前《えどまえ》の海苔《のり》や、煮物《にもの》など手料理《てりょうり》を届《とど》けてくれた。

母は、自分を犠牲《ぎせい》にして、たくさんの子どもを育《そだ》ててきた。仲一は、その恩《おん》に報《むく》いるためにも、元気なうちに旅行《りょこう》もしてもらおうと、力《ちから》を尽《つ》くした。母は、楽しそうに出かけて行った。その地の学会員との出会《であ》いを喜《よろこ》びとしていた。母の笑《え》顔《がお》を見ることが、彼は、何よりも嬉《うれ》しかった。

母は子に、無尽蔵《むじんぞう》の愛を注《そそ》いで育《そだ》ててくれる。子どもは、大威張《おおいば》りで、母に甘《あま》える。母が老《お》いたならば、今度は、子どもが親孝行《おやこうこう》し、恩返《おんがえ》しをする番《ばん》である。子どもに、その「報恩《ほうおん》」の自覚《じかく》がなくなってしまえば、最《もっと》も大切な人道《じんどう》は失《う》せてしまうことになる。

母の幸《さち》は、学会本部に来る時には、よく自分で縫《ぬ》った黒《くろ》い羽織《はおり》を着《き》ていた。

本部は、広宣流布の本陣《ほんじん》であり、歴代《れきだい》会長の精神《せいしん》が刻《きざ》まれた厳粛《げんしゅく》な場所《ばしょ》である。正装《せいそう》して伺《うかが》うのが当然《とうぜん》である――というのが、母の考《かんが》えであった。

息子《むすこ》が会長であるからといって、公私《こうし》を混同《こんどう》するようなことは、全《まった》くなかった。

母が亡《な》くなる前年《ぜんねん》の一九七五年（昭和五十年）四月のことである。桜花爛漫《おうからんまん》の総本山《そうほんざん》で、伸一は、母と久《ひさ》しぶりに会う時間があった。諸行事《しょぎょうじ》が続《つづ》くなか、言葉を交《か》わしたのは、数分《すうふん》にすぎなかった。

彼は、花の大好《だいす》きな母のために、レイと桜《さくら》の小枝《こえだ》を贈《おく》った。レイを首《くび》にかけると、母は、「ありがとう、ありがとう」と、何度《なんど》も言い、桜の花を見ては、微笑《ほほえ》んだ。

別《わか》れ際《ぎわ》、伸一は、自分にできる、せめてもの親孝行《おやこうこう》として、母を背負《せお》って、坂道を歩《ある》こうと思った。伸一が、かがみ込《こ》んで背中《せなか》を向《む》けると、母は、はにかむように言った。

「いいよ、いいよ。そんなことを、させるわけにはいかないよ」

「いいえ、お母さん。私が、そうしたいんです」

伸一が、強く言うと、母は、「悪《わる》いねえ」と言って、彼の背中《せなか》に乗《の》った。

小柄《こがら》な母は、年老《としお》いて、ますます小さく、軽《かる》くなっていた。

伸一が、「うーん、重《おも》い、重い」と言うと、屈託《くったく》のない笑《わら》い声《ごえ》が響《ひび》いた。

背中《せなか》に感じた、その温《ぬく》もりを、彼は、いつまでも、忘《わす》れることができなかった。

親孝行《おやこうこう》とは、何も高価《こうか》なものを贈《おく》ることではない。親への感謝の思い、真心《まごころ》を伝《つた》えることである。親と遠《とお》く離《はな》れて暮《く》らし、なかなか会えない場合《ばあい》には、一枚の葉書《はがき》、一本の電話《でんわ》でも心は通《かよ》い合《あ》う。「生みの親をないがしろにするようでは、自然《しぜん》にもとり、人の道を守《まも》れるはずはない」(2)とは、シェークスピアの警句《けいく》だ。

母・幸《さち》は、一九七六年（昭和五十一年）に入《はい》ってからも、六月には、元気に関西《かんさい》旅行《りょこう》に出かけた。しかし、月末《げつまつ》から体調《たいちょう》が優《すぐ》れず、床《とこ》に伏《ふ》す日が多くなっていった。七月初旬《しょじゅん》には、何度《なんど》か、危篤状態《きとくじょうたい》に陥《おちい》ったのである。

伸一が見舞《みま》った時、母は、既《すで》に酸素《さんそ》吸入器《きゅうにゅうき》をつけ、ぐったりとしていた。彼は、健康を回復《かいふく》するように祈《いの》りながら、体《からだ》をさすった。一念《いちねん》が通《つう》じたのか、母の呼吸《こきゅう》が整《ととの》い、頰《ほお》に赤《あか》みが差《さ》した。

「伸《しん》ちゃん、楽《らく》になったよ」

はっきりとした口調《くちょう》で、こう言い、この日は、羊羹《ようかん》まで食べたのである。

その後、快方《かいほう》に向《む》かった母は、見舞《みま》いに行った伸一に、こう語った。

「私は、行きたいところは、どこへも行ったし、着《き》たいものも、なんでも着ることができた。私は、日本一の幸《しあわ》せ者《もの》だよ。いい人生だったよ」

苦労《くろう》に、苦労を重《かさ》ねてきた母である。しかし、健気《けなげ》に信心に励《はげ》み、最後《さいご》に「日本一の幸《しあわ》せ者《もの》」と言いきれる母は、人生の勝利を満喫《まんきつ》していたにちがいない。

伸一は、病床《びょうしょう》の母に、日寛上人《にちかんしょうにん》の「臨終用心抄《りんじゅうようじんしょう》」を簡潔《かんけつ》に、講義《こうぎ》した。これは、日寛上人が、臨終の心構《こころがま》えを説《と》かれた書《しょ》で、死を迎《むか》える時に心が乱《みだ》れることなく、成仏《じょうぶつ》するための用心について、御書や経論《きょうろん》、さらに、一般《いっぱん》の書も用《もち》いて示《しめ》されたものである。

心が乱《みだ》れてしまう要因《よういん》として、「断末魔《だんまつま》の苦《く》」「魔の働《はたら》き」「妻子《さいし》・財宝《ざいほう》などへの執着心《しゅうちゃくしん》」をあげている。このうち「断末魔の苦」は、他人《たにん》をそしることを好《この》み、人の心を傷《きず》つけることによって、招《まね》いたものであるとし、そうならないためには、平生《へいぜい》からの善行《ぜんぎょう》が大切であると教《おし》えている。まさに、臨終《りんじゅう》は、人生の総決算《そうけっさん》といってよい。

この「臨終用心抄《りんじゅうようじんしょう》」では、法華本門《ほっけほんもん》の行者《ぎょうじゃ》は、不善相《ふぜんそう》であっても成仏《じょうぶつ》は疑《うたが》いないことや、臨終に唱題《しょうだい》する者《もの》は、必《かなら》ず成仏することなどが明《あ》かされている。

伸一は、母に、力強《ちからづよ》く訴《うった》えた。

「日蓮大聖人は、題目を唱《とな》え抜《ぬ》いていくならば、成仏《じょうぶつ》は絶対《ぜったい》に間違《まちが》いないと、お約束《やくそく》されています。伝教大師《でんぎょうだいし》が受《う》けた相伝《そうでん》にも、『臨終《りんじゅう》の時南無妙法蓮華経と唱へば妙法の功《こう》に由《より》て速《すみや》かに菩提《ぼだい》を成《じょう》じ……』[(3)]とあるんです」

そして、傍《かたわ》らの御書を開き、「松野殿御返事《まつのどのごへんじ》」を拝読《はいどく》していった。

「『退転《たいてん》なく修行《しゅぎょう》して最後臨終《さいごりんじゅう》の時を待《ま》つて御覧《ごらん》ぜよ、妙覚《みょうかく》の山《やま》に走《はし》り登《のぼ》つて四《し》方《ほう》をきつと見るならば・あら面白《おもしろ》や法界寂光土《ほうかいじゃっこうど》にして瑠璃《るり》を以《も》つて地とし・金《こがね》の縄《なわ》を以つて八《やつ》の道を界《さか》へり、天《そら》より四種《ししゅ》の花ふり虚空《こくう》に音楽聞えて、諸仏菩薩《しょぶつぼさつ》は常楽我浄《じょうらくがじょう》の風《かぜ》にそよめき娯楽快楽《ごらくけらく》し給《たも》うぞや、我れ等《わら》も其《そ》の数《かず》に列《つら》なりて遊戯《ゆげ》し楽《たの》しむべき事《こと》はや近《ちか》づけり』（御書一三八六ジ）

大聖人は、〝退転《たいてん》することなく仏道修行《ぶつどうしゅぎょう》を重《かさ》ねて、最後《さいご》の、臨終《りんじゅう》の時を待《ま》ってご覧《らん》なさい。そうすれば、必《かなら》ず寂光土《じゃっこうど》に行くことができる〟と言われているんです。そして、その世界について、こう述《の》べられています。

『妙覚《みょうかく》の山に走《はし》り登《のぼ》って、四方《しほう》を見渡《みわた》せば、なんと、すばらしいことでしょう。あらゆる世界は、すべて寂光土《じゃっこうど》で、地面《じめん》には、瑠璃《るり》が敷《し》き詰《つ》められ、金《こがね》の縄《なわ》で、涅槃《ねはん》に至《いた》る八つの道の境《さかい》が作られている。天《てん》からは、四種類《しゅるい》の花が降《ふ》り、空には音楽が聞こえ、もろもろの仏《ほとけ》や菩薩《ぼさつ》は、常楽我浄《じょうらくがじょう》の風にそよめき、心から楽しんでおられる。私たちも、そのなかに入り、自在《じざい》の境地《きょうち》を得《え》て、楽しんでいける時は、もう近《ちか》いのだ』

つまり、死も、なんら恐《おそ》れることはないんです。死後も、楽しく、悠々《ゆうゆう》と大空《おおぞら》を翔《かけ》る大鳥《おおとり》のごとき、自由自在《じゆうじざい》の境涯《きょうがい》が待《ま》っているんです」

母は、病床《びょうしょう》に伏《ふ》しながら、「うん、うん」と、目を輝《かがや》かせて頷《うなず》き、伸一の話を聴《き》いていた。それは、伸一が母のために行《おこな》う、最初《さいしょ》で最後《さいご》の講義《こうぎ》であった。

伸一は、母は危篤状態《きとくじょうたい》を脱《だっ》したとはいえ、余命《よめい》いくばくもないと感じていた。ゆえに、彼は、この機会《きかい》に、仏法で説《と》く死生観《しせいかん》を、語っておきたかったのである。

「お母さん。また、大聖人は、信心し抜《ぬ》いた人は、『いきて《生》をはしき時は生《せい》の仏《ほとけ》・今は死の仏・生死《しょうじ》ともに仏なり、即身成仏《そくしんじょうぶつ》と申《もう》す大事の法門《ほうもん》これなり』（御書一五〇四ページ）とも、言われているんです。

広宣流布に戦《たたか》い抜《ぬ》いた人は、生きている時は『生《せい》の仏《ほとけ》』であり、どんな苦難《くなん》があっても、それに負《ま》けることのない、大歓喜《だいかんき》の日々を送《おく》ることができる。そして、死して後《のち》もまた、『死の仏』となる——それが、即身成仏《そくしんじょうぶつ》という大法門《だいほうもん》なんです。

ゆえに、生《せい》も歓喜《かんき》であり、死もまた、歓喜なんです。永遠《えいえん》の生命を、歓喜のなかに生きていくことができるんです。

万物《ばんぶつ》を金色《こんじき》に染《そ》める、荘厳《そうごん》な夕日《ゆうひ》のように、最後《さいご》まで、題目を唱《とな》え抜《ぬ》いて、わが生命を輝《かがや》かせていってください」

仏《ほとけ》の使《つか》いとして生きた創価の母たちは、三世永遠《さんぜえいえん》に、勝利と幸福の太陽とともにあるのだ。

伸一が語り終《お》えると、母は、彼の差《さ》し出《だ》した手を、ぎゅっと握《にぎ》り締《し》めた。それは、決意《けつい》の表明《ひょうめい》でもあった。

翌日《よくじつ》、母は、家族に語った。

「私は、悔《くや》しい思いも、辛《つら》い思いもした。でも、私は勝った。社会に貢献《こうけん》するような、そういう子どもが欲《ほ》しかった。そして、自分の子どものなかから、そういう人間が出た。だから私は、嬉《うれ》しいんだ」

中央《ちゅうおう》アジアの大詩人《だいしじん》ナワイーはうたう。

――「幸福とは、千《せん》の苦悩《くのう》で傷《きず》ついても、最後《さいご》に精神《せいしん》と魂《たましい》の中に花を見いだす者《もの》のことである」(4)

七月十二日の夜、母・幸《さち》の見舞《みま》いに訪《おとず》れた伸一は、六月に東北《とうほく》を訪問《ほうもん》した折《おり》に、「同志《どうし》の歌」や「さくら」「森ケ崎海岸《もりがさきかいがん》」などをピアノで弾《ひ》き、録音《ろくおん》したテープを渡《わた》した。母への、せめてもの励《はげ》ましになればとの思いからであった。

七月十四日、伸一に代《か》わって、妻の峯子《みねこ》が、長男の正弘《まさひろ》、次男の久弘《ひさひろ》、三男の弘高《ひろたか》とともに、母の幸《さち》を見舞《みま》った。正弘は二十三歳、久弘は二十一歳、弘高は十八歳になっていた。

「おばあちゃん、早く元気になってよ」

三人が、次々《つぎつぎ》にこう言って、手を握《にぎ》り締《し》めると、幸《さち》は、「うん、うん」と言いながら、頷《うなず》いた。「孫《まご》は子よりもかわいい」とも言われる。幸にとって、孫たちの見舞《みま》いは、最高の宝物《たからもの》であったにちがいない。なかでも、正弘《まさひろ》は、アメリカ建国《けんこく》二百年祭《さい》を記念して行《おこな》われた全米総会《ぜんべいそうかい》などに出席《しゅっせき》していたため、幸は、その帰国《きこく》を待《ま》ちわびていたのだ。

幸《さち》は、嬉《うれ》しそうに、孫《まご》たちを見て、「大丈夫《だいじょうぶ》だよ。よく来てくれたね」と言って、笑《え》みを浮《う》かべた。以来《いらい》、彼女は、次第《しだい》に、目に見えて元気になっていった。

七月度の本部幹部会が行《おこな》われた十八日夜、山本伸一は、「人間革命の歌」を完成《かんせい》させる。この時、彼は、曲について意見《いけん》を聞かせてもらった、民音《みんおん》（民主音楽協会の略称）に勤務《きんむ》する植村真澄美《うえむらますみ》と松山真喜子《まつやままきこ》という、二人の女子部員に、詩《し》「母」に曲をつけてほしいと頼《たの》んだ。詩「母」は、伸一が、五年前の一九七一年（昭和四十六年）の十月に作った詩である。母親の幸《さち》をはじめ、学会の全婦人部員を思い描《えが》きながら、作詩《さくし》を進めたのだ。

母よ！
おお　母よ
あなたは
あなたは　なんと不思議《ふしぎ》な力《ちから》を
なんと豊富《ゆたか》な力を　もっているのか

この一節《いっせつ》から始《はじ》まる、約《やく》二百行《ぎょう》の長編詩《ちょうへんし》で、伸一は、母こそ万人《ばんにん》の「心の故郷《ふるさと》」であることを謳《うた》った。

海よりも広く、深《ふか》い、母の愛は、正《ただ》しき人生の軌道《きどう》へと、人を導《みちび》く力《ちから》でもある。

伸一は、子に愛を注《そそ》ぐ母という存在《そんざい》は、戦争《せんそう》に人を駆《か》り立《た》てる者《もの》との対極《たいきょく》にあり、「平和の体現者《たいげんしゃ》」であると見ていた。

彼は、詩《し》「母」のなかで詠《よ》んだ。

だが母なる哲人《てつじん》は叫《さけ》ぶ——
人間よ
静《しず》かに深《ふか》く考《かんが》えてもらいたい
あなたたちの後《うし》ろにも
あなたたちの成長《せいちょう》をひたすら願《ねが》う母がいる
ベトナムのアメリカ兵《へい》にも
わが子の生命を強烈《きょうれつ》に気づかう母がいる
硝煙《しょうえん》の廃墟《はいきょ》に苦しむ解放軍《かいほうぐん》の背後《はいご》にも
わが子の無事《ぶじ》を祈《いの》り悲《かな》しむ
傷《いた》ましい母が待《ま》っているのだ

母という慈愛《じあい》には
言語《げんご》の桎梏《しっこく》もない
民族《みんぞく》の氷壁《ひょうへき》もない
イデオロギーの相克《そうこく》もない
爽《さわ》やかな畔道《あぜみち》にも似《に》ていようか
人間のただ一つの共通《きょうつう》の感情《かんじょう》
――それは母のもつ愛だけなのだ

これは、伸一が、母の幸《さち》から学んだ、実感《じっかん》であり、哲学でもあった。

母たちが人間革命し、さらに聡明《そうめい》になり、この母性《ぼせい》の美質《びしつ》を、思想化《しそうか》していくなかに、確《たし》かなる平和の大道《だいどう》が開かれるというのが、伸一の信念《しんねん》であったのである。

彼は、この「母」の詩《し》にメロディーをつけて、わが母を、婦人部員を、そして、世界のすべての母たちを讃《たた》えたかったのである。

仲一が、植村真澄美《うえむらますみ》と松山真喜子《まつやままきこ》に作曲《さっきょく》を頼《たの》もうと思ったのは、七月二日のことであった。この日、戸田城聖《じょうせい》が出獄《しゅつごく》した「7・3」を記念して、「恩師《おんし》をしのぶ会」が行《おこな》われた。その席《せき》で、彼女たちが、「厚田村《あつたむら》」「森ケ崎海岸《もりがさきかいがん》」「緑《みどり》の栄冠《えいかん》」などの曲を、ピアノとマリンバで演奏《えんそう》してくれたのである。

仲一は、歌の心を美事《みごと》に表現《ひょうげん》した、優雅《ゆうが》な演奏《えんそう》を聴《き》いて、この二人なら、きっと、すばらしい曲をつけてくれると確信《かくしん》したのである。

七月十八日、「人間革命の歌」が完成《かんせい》した時、仲一は、植村《うえむら》と松山《まつやま》に言った。

「あなたたちに、頼《たの》みたいことがある。私の作った『母』の詩《し》に、曲をつけてもらえないだろうか。

もちろん、自由詩《じゆうし》だから、そのまま、曲をつけるのは難《むずか》しいと思うので、詩は歌にしやすいように整《ととの》えてあります。それでも、曲にしにくいところがあれば、言ってくれれば直《なお》します。

ただ、一つだけ要望《ようぼう》があるんです。曲のイメージは、私の青春の思い出をうたった、あの『森ケ崎海岸《もりがさきかいがん》』の歌のような感じにしてほしいんだがね」

一瞬《いっしゅん》、二人は、当惑《とうわく》した顔で伸一を見た。彼女たちは、作曲《さっきょく》の経験《けいけん》がないだけに、無理《むり》からぬ話である。しかし、すぐに心を決めたのであろう。「はい！」という元気な声が、はね返《かえ》ってきた。これが、師弟《してい》の呼吸《こきゅう》である。

「無理《むり》なお願《ねが》いをして申《もう》し訳《わけ》ないね。悪《わる》いけど、頼《たの》むよ」

伸一は、七月下旬《げじゅん》、中部指導《ちゅうぶしどう》に出かけた。伸一が、東京に戻《もど》り、各部の夏季研《かきけん》修会《しゅうかい》に出席《しゅっせき》するため、神奈川の箱根《はこね》研修所にいた八月一日、一本の録音《ろくおん》テープが届《とど》いた。詩《し》「母」に曲をつけたテープである。

早速《さっそく》、テープをかけてもらった。しかし、よい歌を作ろうとして凝《こ》りすぎてしまったのか、かなり難《むずか》しい曲になっていた。

伸一は、二人をねぎらう感謝の言葉とともに、率直《そっちょく》な感想《かんそう》を伝《つた》えてもらった。

「ちょっと難《むずか》しすぎるように思います。皆《みな》が歌うので、すまないが、もう少し、歌いやすい曲にしてもらえないだろうか」

二人は、自分たちが、一番大事なことを、見落《みお》としていたことに気づいた。

〝歌は、民衆《みんしゅう》のためにある。みんなが歌えてこそ、本当にすばらしい歌といえる。私たちは、その先生の心を見失《みうしな》っていた……〟

彼女たちは、「もう少し、歌いやすい曲に」という伸一の思いに応《こた》えようと、苦心《くしん》を重《かさ》ね、曲を作り直《なお》した。そして、出来上《できあ》がった「母」の歌をテープに吹《ふ》き込《こ》み、八月四日の夕刻《ゆうこく》に本部に届《とど》けた。

その夜《よ》、伸一は、妻の峯子《みねこ》とテープを聴《き》いた。万人《ばんにん》が母を思い、求《もと》めるような、自然《しぜん》で歌いやすい曲になっていた。

「すばらしい歌ができましたね」

峯子《みねこ》が、最初《さいしょ》に微笑《ほほえ》みを浮《う》かべた。

「いい歌だ。きっと母も喜《よろこ》ぶだろうし、全国、全世界の母たちが喜んでくれるだろう」

そして、側《そば》にいた幹部《かんぶ》に言った。

「作曲《さっきょく》をしてくれた二人に、『本当にありがとう。名曲《めいきょく》です。明日《あした》の婦人部の集《つど》いで発表《はっぴょう》させてもらいます』と伝《つた》えてください」

翌《よく》五日、伸一が出席《しゅっせき》して、創価大学で行《おこな》われた婦人部の集《つど》いで、初《はじ》めて、この歌が流《なが》されたのである。「母」の歌は、一番から三番の歌詞《かし》にまとめられていた。

一、母よ　あなたは
なんと不思議《ふしぎ》な　豊富《ゆたか》な力《ちから》を
もっているのか
もしも　この世《よ》に
あなたがいなければ
還《かえ》るべき大地《だいち》を失《うしな》い
かれらは永遠《とわ》に　放浪《さすら》う

二、母よ　わが母
風雪《ふうせつ》に耐《た》え　悲《かな》しみの合掌《いのり》を
繰《く》り返《かえ》した　母よ
あなたの願《ねが》いが翼《つばさ》となって
天空《おおぞら》に舞《ま》いくる日まで
達者《たっしゃ》にと　祈《いの》る

二番の歌を聴《き》くと、伸一は、風雪《ふうせつ》の幾山河《いくさんが》を勝ち越《こ》えてきた母・幸《さち》の、尊《とうと》き栄《えい》光《こう》の人生が、思い返《かえ》されてならなかった。

母が幸《しあわ》せになってこそ、本当の繁栄《はんえい》といえる。母の笑顔《えがお》が、まばゆく光《ひか》ってこそ、社会の平和といえるのだ。

山本伸一は、八月六日、鹿児島《かごしま》の九州総合研修所での諸行事《しょぎょうじ》に出席《しゅっせき》するため、東京を発《た》った。出発《しゅっぱつ》の前に、彼は、母・幸《さち》のもとに、「母」の歌のテープを届《とど》けてもらった。

母の容体《ようだい》は、幸《さいわ》いにも小康状態《しょうこうじょうたい》が続《つづ》いていた。そして、伸一が贈《おく》った「母」の歌のテープを、何度《なんど》も聴《き》いては、微笑《ほほえ》みを浮《う》かべて、嬉《うれ》しそうに頷《うなず》いていたという。

――この「母」の歌は、国境《こっきょう》を超《こ》え、多くの人に愛されていくことになる。

一九九二年（平成《へいせい》四年）二月、インドを訪問《ほうもん》した伸一と峯子《みねこ》は、「母」と「人間革命の歌」の曲が入ったオルゴールを持参《じさん》した。どうしても贈《おく》りたい人がいた。故《こ》ラジブ・ガンジー元首相《もとしゅしょう》の妻ソニア夫人《ふじん》である。

伸一は、八五年（昭和六十年）の十一月に首相《しゅしょう》が来日《らいにち》した折《おり》、核軍縮《かくぐんしゅく》の問題《もんだい》や、中国との友好《ゆうこう》、青年への期待《きたい》など、多岐《たき》にわたって語り合った。

そのラジブ・ガンジー首相《しゅしょう》が、伸一の訪印《ほういん》する九カ月前の九一年（平成三年）

五月、選挙遊説中《せんきょゆうぜいちゅう》に爆弾《ばくだん》テロで命《いのち》を奪《うば》われたのである。ラジブの母で首相であったインディラ・ガンジーも、一九八四年（昭和五十九年）十月、銃弾《じゅうだん》に倒《たお》れている。ソニア夫人《ふじん》は、猛《たけ》り狂《くる》う悲劇《ひげき》の嵐《あらし》のなかで、決然《けつぜん》と立《た》とうとしていたのである。

伸一は、「母」と「人間革命の歌」の曲が入ったオルゴールを贈《おく》りながら語った。

「母は太陽です。太陽は輝《かがや》いてこそ太陽です。お義母様《かあさま》が亡《な》くなられた直後《ちょくご》、ご主人《しゅじん》は『二十一世紀のインドを、ともどもにつくりあげていこう』と、全《ぜん》インドに呼《よ》びかけ、立《た》ち上《あ》がられました。これからは、ご一家が、二十一世紀のその先《さき》までも、光《ひかり》を届《とど》けてください。

『人間革命の歌』は、どんな吹雪《ふぶき》にも胸《むね》を張《は》って生《い》き抜《ぬ》いていこうという心を歌ったものです。人生には、暴風雨《ぼうふうう》があり、暗《くら》い夜もあります。それを越《こ》えれば、苦しみの深《ふか》かった分だけ、大きな幸福の朝が光《ひか》るものです。

運命《うんめい》を価値《かち》に転換《てんかん》してください。その人が人間としての勝利者です。王者《おうじゃ》です。

ソニア夫人が悲《かな》しめば、亡《な》きご主人も悲しまれるでしょう。夫人が笑顔《えがお》で立《た》ち

上《あ》がれば、ご主人も喜《よろこ》ばれるでしょう。夫人とご一家の勝利が、ご主人の勝利となるでしょう」

伸一は、ソニア夫人に、家族のためにも、インドの民衆《みんしゅう》のためにも、苦難《くなん》に負《ま》けずに、強く、強く、生《い》き抜《ぬ》いてほしかった。

「前へ、また前へ進んでください。振《ふ》り返《かえ》らないことは、とても難《むずか》しいことです。無理《むり》なことかもしれません。けれども偉大《いだい》な人は、あえて足《あし》を踏《ふ》み出《だ》す人です。

お国の釈尊《しゃくそん》は、『現在と未来』を見よと教《おし》えました。すべては『これから』です。いつも『これから』なんです。前進のなかに勝利があります。栄光《えいこう》がありま す。幸福があります。

一番、悲《かな》しかった人が、一番、晴れやかに輝《かがや》く人です。悲しみの深《ふか》かった分だけ、大きな幸福の朝が来るのです」

ソニア夫人は、伸一の贈《おく》り物《もの》のオルゴールを、気に入ってくれたようであった。

二年後の一九九四年（平成六年）秋、夫人は、東京富士美術館《ふじびじゅつかん》で開催《かいさい》された「アショカ、ガンジー、ネルー展《てん》」のオープニング式典《しきてん》に、わざわざインドから来日《らいにち》してくれた。

再会《さいかい》した折《おり》、ソニア夫人は言った。

「前にインドでくださったオルゴールが、大好《だいす》きで、毎日、聴《き》いていました。娘《むすめ》のプリヤンカが、よく知っています。聴けない時は、寂《さび》しく感じます」

そして、毎日、聴《き》いていたため、遂《つい》にオルゴールは壊《こわ》れてしまったというのである。

伸一が、「新《あたら》しいものを用意《ようい》させます」と言うと、夫人は、静《しず》かに微笑《びしょう》を浮《う》かべた。

〝インドの母〟の心は、「母」の歌と、共鳴《きょうめい》の調《しら》べを奏《かな》で、あのオルゴールに愛着《あいちゃく》をいだいてくれていたのだ。

伸一は、ソニア夫人の、その心が、嬉《うれ》しくもあり、ありがたくもあった。

「母」の歌にまつわる逸話《いつわ》は尽《つ》きない。

一九九二年（平成四年）十二月、創価大学のロサンゼルス・キャンパスで、語学研修中の創価女子短大生が、米国《べいこく》の人権運動《じんけんうんどう》の母ローザ・パークスと懇談《こんだん》する機会《きかい》を得《え》た。

短大生が尋《たず》ねた。

「模範《もはん》とされるのは、どなたでしょうか」

即座《そくざ》に、答《こた》えが返《かえ》ってきた。

「母です。母は、強い意志《いし》をもって自分の尊厳《そんげん》を守《まも》ることを、教《おし》えてくれたからです」

懇談《こんだん》のあと、短大生たちは、感謝の気持《きもち》ちを込《こ》めて、「母」を合唱《がっしょう》した。パークスには、英訳《えいやく》した歌詞《かし》が渡《わた》されていた。

彼女は、感動《かんどう》した面持《おもも》ちで歌に聴《き》き入《い》っていた。その目が涙《なみだ》で潤《うる》んだ。

九四年五月、〝人権運動《じんけんうんどう》の母〟は、山本伸一と峯子《みねこ》の招《まね》きで、初《はじ》めての来日《らいにち》を果《は》たし、創価大学で講演《こうえん》した。

この時、パークスは、あの時の女子学生たちと会うことを希望していた。「母」の合唱《がっしょう》が忘《わす》れられなかったのであろう。

その要請《ようせい》に応《こた》え、「母」を歌ったメンバーの代表《だいひょう》が集《つど》い、喜《よろこ》びの再会《さいかい》を果《は》たしたのである。歌を通《とお》して、〝人権運動《じんけんうんどう》の母〟と娘《むすめ》たちの、固《かた》い絆《きずな》が結《むす》ばれたのだ。

また、二〇〇六年（平成十八年）七月、中華全国青年連合会《ちゅうかぜんこくせいねんれんごうかい》（全青連《ぜんせいれん》）の招聘《しょうへい》を受《う》けて、青年部の訪中団《ほうちゅうだん》が上海《シャンハイ》を訪問《ほうもん》した折《おり》、歓迎宴《かんげいえん》で、全青連のメンバーが、「『母』の歌を歌いましょう」と提案《ていあん》した。彼らも、この歌が好《す》きなのだという。

さらに、同年十一月、山本伸一に名誉人文学博士号《めいよじんぶんがく》を授与《じゅよ》するために来日《らいにち》した、フィリピン国立リサール・システム大学のデレオン学長《がくちょう》は、創価世界女性会館で、「母」の歌の合唱《がっしょう》を聴《き》いた。

自身も三児《さんじ》の母。彼女の父親は、九人の子どもを残《のこ》して、若《わか》くして亡《な》くなった。しかし、母親は、子どもを全員《ぜんいん》、大学で学ばせてくれた。学長《がくちょう》は、感動《かんどう》を噛《か》み締《し》めて語った。

「魂《たましい》を揺《ゆ》さぶられました。『母』に歌われている心は世界共通《きょうつう》です」

創価の父・牧口常三郎《つねさぶろう》初代会長《しょだいかいちょう》は、「母性《ぼせい》は本来《ほんらい》の教育者《きょういくしゃ》であり、未来に於《お》ける理想《りそう》社会の建設者《けんせつしゃ》」(5)と記《しる》している。また、トルストイは「母親のこころは、――それは地上《ちじょう》における神性《しんせい》の驚《おどろ》くべき至高《しこう》の現《あら》われです」(6)と語り、オーストラリアの詩人《しじん》ジェフリー・ペイジは「母たちの生きた一日また一日を、一夜《ひとよ》また一夜を、私は讃《たた》える。来る年も来る年も、『不屈《ふくつ》』の二字に彩《いろど》られた、苦しくも実《みの》り豊《ゆた》かな母たちの人生を、私は讃える」(7)と歌う。

母性《ぼせい》、母親への讃辞《さんじ》は、時には自分を犠牲《ぎせい》にしてまで子どもを守《まも》り、生命を育《はぐく》もうとする愛の、強さと力《ちから》への賞讃《しょうさん》である。

「開目抄」には、激流《げきりゅう》に流《なが》されても、幼子《おさなご》を抱《だ》き締《し》めて、絶対に離《はな》さなかった母の譬《たと》えが引《ひ》かれている。子を思う慈念《じねん》の功徳《くどく》によって、母は梵天《ぼんてん》に生《しょう》じたと説《と》かれる。

大聖人は、人間の一念《いちねん》の在《あ》り方《かた》を、この母の慈念《じねん》を手本《てほん》として示《しめ》されたのである。

母は、子どもにとって最初《さいしょ》の教師《きょうし》であり、生涯《しょうがい》の教師でもある。それゆえ、母が、確固《かっこ》たる人生の根本の思想《しそう》と哲学をもつことが、どれほど人間教育の力《ちから》となるか。母が、人間完成《かんせい》へと向《む》かう母の不断《ふだん》の努力《どりょく》が、どれほど社会に価値《かち》を創造《そうぞう》するか。母が、境涯《きょうがい》を高め、聡明《そうめい》さを身《み》につけていった時、母性《ぼせい》は、崇高《すうこう》なる人間性の宝石《ほうせき》として永遠《えいえん》なる光《ひかり》を放《はな》つのだ。

「母」の歌の三番には、まさに、その山本伸一の願《ねが》いが託《たく》されていた。

三、母よ　あなたの
思想《しそう》と聡明《かしこ》さで　春を願《ねが》う
地球《ちきゅう》の上に
平安《へいあん》の楽符《しらべ》を　奏《かな》でてほしい

その時　あなたは
人間世紀の母として　生きる

ひまわりのごとき母の微笑《びしょう》は、平和の象徴《しょうちょう》といえよう。女性を、一家の、社会の、人類《じんるい》の太陽として輝《かがや》かせるために、創価学会という人間教育、女性教育の学びの園《その》があるのだ。

わが子を、戦争《せんそう》で失《うしな》うことなど、絶対にいやだ。戦争には、断固《だんこ》として反対《はんたい》だ――それは、すべての母の思いであろう。

しかし、それが、平和思想《しそう》となって、深《ふか》く広く根を下《お》ろしていくには、自分だけでなく、子どもを戦場《せんじょう》に送《おく》り出《だ》す、すべての母や家族の、さらには、戦《たたか》う相手《あいて》国《こく》の母や、その家族たちの苦しみ、悲《かな》しみを汲《く》み上《あ》げ、生命尊厳《そんげん》の叫《さけ》びとして共《きょう》有《ゆう》していかなければならない。

仏典《ぶってん》では、わが子のみを愛《いと》おしみ、他人《たにん》の不幸《ふこう》を意《い》に介《かい》さない愚《ぐ》を、鬼子母神《きしもじん》の姿《すがた》を通《とお》して戒《いまし》めている。

——鬼子母神《きしもじん》は、王舎城《おうしゃじょう》の夜叉神《やしゃじん》の娘《むすめ》で、鬼神《きじん》・般闍迦《はんじゃか》の妻である。彼女には、五百の鬼子がいたという。鬼子の数は、千、一万とする説《せつ》もあるが、ともかく、たくさんの子をかかえていたのであろう。彼女の性質《せいしつ》は暴悪《ぼうあく》で、人の子を取《と》って食《く》うことを常《つね》としていた。

釈尊《しゃくそん》は、そんな鬼子母神《きしもじん》を戒《いまし》めるために、最愛《さいあい》の末子《まっし》である嬪迦羅《ぴんから》を隠《かく》してしまう。

鬼子母神《きしもじん》は、血相《けっそう》を変《か》えて嬪迦羅《ぴんから》を捜《さが》し回《まわ》った。しかし、見つからなかった。

彼女は、釈尊《しゃくそん》のもとに行き、わが子の安否《あんぴ》を尋《たず》ねた。そこで釈尊は、鬼子母神《きしもじん》の悪行《あくぎょう》を諭《さと》し、三帰五戒《さんきごかい》を授《さず》け、終生《しゅうせい》、人の子を取《と》って食べることをしないと誓《ちか》わせ、隠《かく》していた嬪迦羅《ぴんから》を返《かえ》したのである。

鬼子母神《きしもじん》のわが子への愛は、エゴイズムの延長《えんちょう》にすぎなかった。しかし、彼女は、わが子がいなくなったことで、子を失《うしな》う人の苦しみを知ったのだ。いわば、彼女自分のエゴイズムに気づき、人と同苦《どうく》できる素地《そじ》がつくられたのである。

鬼子母神《きしもじん》は、法華経の陀羅尼品《だらにほん》では、十人の羅刹女《らせつにょ》とともに、〝法華経を読誦《どくじゅ》し、受持《じゅじ》する人を擁護《ようご》し、安穏《あんのん》を得《え》さしめ、わずらいを除《のぞ》く〟ことを誓《ちか》っている。悪鬼神《あっきじん》から諸天善神《しょてんぜんじん》となるのである。

わが子を思う心は、万人《ばんにん》の幸《しあわ》せを願《ねが》い、守《まも》る心となって昇華《しょうか》したのである。それは、人生の大目的《だいもくてき》に目覚《めざ》めた母の、偉大《いだい》なる人間革命の姿《すがた》を象徴《しょうちょう》するものともいえよう。

近年《きんねん》、育児放棄《いくじほうき》をはじめ、児童虐待《じどうぎゃくたい》が急増《きゅうぞう》しつつある。その要因《よういん》として、〝育児に縛《しば》られず、自由《じゆう》でありたい〟という親《おや》の強い願望《がんぼう》や、親としての責任感《せきにんかん》の欠如《けつじょ》が指摘《してき》されている。

本来《ほんらい》、子育《こそだ》ての責任《せきにん》を自覚《じかく》し、自分のエゴイズムをコントロールする心を培《つちか》うことこそ、親《おや》になるための必須条件《ひっすじょうけん》といえよう。

子育《こそだ》ては、確《たし》かに労作業《ろうさぎょう》ではあるが、人間の生命を育《はぐく》む、最《もっと》も尊貴《そんき》な聖業《せいぎょう》である。そのなかに、最高の喜《よろこ》びがあり、生きがいもある。また、子どもを育てるなかで、親《おや》も、学び、磨《みが》かれていくのである。

核《かく》家族化が進むなかでの子育《こそだ》てには、夫婦《ふうふ》の協力《きょうりょく》が不可欠《ふかけつ》であることは言うまでもない。特《とく》に、共働《ともばたら》きの場合《ばあい》は、妻の側《がわ》にばかり過重《かじゅう》な負担《ふたん》がかからないように、役割分担《やくわりぶんたん》を明確《めいかく》にしていくことも必要《ひつよう》であろう。

しかし、シングルマザーであれば、一身《いっしん》に育児《いくじ》を担《にな》わなければならないケースが多い。その負担《ふたん》は、並大抵《なみたいてい》のものではあるまい。

育児《いくじ》という労作業《ろうさぎょう》に勝《か》ち抜《ぬ》く、強い心をつくるには、まず、「子どもをいかなる存在《そんざい》ととらえるか」、いわば、「どういう哲学をもつか」が極《きわ》めて重要《じゅうよう》になる。

御書には「法華経流布《るふ》あるべきたね《種》をつぐ所《ところ》の玉《たま》の子出《い》で生《うま》れん目出度覚《めでたくおぼ》え候《そうろう》ぞ」（一一〇九ページ）と仰《おお》せである。

日蓮仏法では、すべての人間は、「仏《ほとけ》」の生命を具《そな》え、偉大《いだい》な使命《しめい》をもって、この世《よ》に出現《しゅつげん》したととらえる。つまり、子どもは、未来を担《にな》い立《た》つ、崇高《すうこう》な人格《じんかく》をもった、使命深《ふか》き鳳雛《ほうすう》と見る。

ゆえに、仏法からは、決《けっ》して、親《おや》の所有物《しょゆうぶつ》などというとらえ方は生まれない。

ある学会員の夫妻は、子どもが誕生《たんじょう》した時に、こう思ったという。

〝よくぞ、こんな私たちのところに生まれてきてくれた。ありがとう！　使命《しめい》ある大切な子だ。大事に、大事に育《そだ》てなければ……〟

わが子を、「仏《ほとけ》」の生命を具《そな》えた、使命《しめい》の人と見て、立派《りっぱ》な人材《じんざい》に育《そだ》ってほしいと願《ねが》うからこそ、ただ、甘《あま》やかすのではなく、しっかりとした〝しつけ〟も、していけるのだ。

子どものなかには、難病《なんびょう》にかかって、生まれてくる子もいる。その宿命《しゅくめい》に真《ま》正面《しょうめん》から向《む》き合《あ》うことは、親《おや》にとっても、あまりにも辛《つら》く、苦しいことにちがいない。

しかし、皆《みな》が尊極《そんごく》の「仏《ほとけ》」の生命をもち、偉大《いだい》なる使命《しめい》をもって誕生《たんじょう》しているのだ。

ある母親は、生まれた三女がダウン症候群《しょうこうぐん》で、しかも、心臓《しんぞう》に二つの穴《あな》が開《あ》いていることを医師《いし》から告《つ》げられた。心臓の手術《しゅじゅつ》は成功《せいこう》するが、ダウン症候群とは、生涯《しょうがい》、向《む》き合《あ》わなければならない。しかし、母親は、〝使命《しめい》ある子なのだ〟と、一心《いっしん》に愛を注《そそ》いだ。

小学校六年の長女も、二年の次女も、みんなで妹を大切に育《そだ》てようと心に決めた。その三女が、笑《わら》うと、長女の顔にも、次女の顔にも笑《え》みの花が広がった。母は、思った。〝この子は、既《すで》に姉妹《しまい》の心を一つにしてくれている。深《ふか》い、深い使命《しめい》をもって生まれてくれたんだ！〟と。

三女が、何かしゃべったり、寝返《ねがえ》りを打《う》ったり、おもちゃで遊《あそ》んだりするたびに、家族は、皆《みな》、拍手《はくしゅ》をして喜《よろこ》び合《あ》う。

次女は、作文に、「（ダウン症候群《しょうこうぐん》の妹が）がんばっている姿《すがた》を見るだけで、私は勇気がわいてきます」「私に『何《なん》でもあきらめちゃだめだ！』って教《おし》えてくれたような気がします」「じまんの妹です。これから、どんなことがあっても、お姉《ねえ》ちゃんとして守《まも》ってあげようと思います」と書《か》いている。

長女もまた、「手術《しゅじゅつ》も乗《の》り越《こ》え、みんなを喜《よろこ》ばす天使的存在《てんしてきそんざい》の妹が、ほこらしく思えます」と作文に記《しる》している。

なかには、生まれて間《ま》もなく、病《やまい》などによって、早世《そうせい》する子どももいる。しかし、生命は永遠《えいえん》である。今世《こんぜ》で妙法《みょうほう》に巡《めぐ》り合《あ》えたこと自体《じたい》が、宿命転換《しゅくめいてんかん》の道が大きく開かれたことである。父や母、家族などを、発心《ほっしん》させゆく使命《しめい》をもっての出生《しゅっしょう》ともいえる。

親子《おやこ》となって生まれてくる宿縁《しゅくえん》は、限《かぎ》りなく深《ふか》い。親子は一体《いったい》である。子の他界《たかい》を契機《けいき》に、親が信心を深め、境涯《きょうがい》を開くことが、結果的《けっかてき》に、その子の使命《しめい》を決《けっ》するともいえよう。

子育ての苦労《くろう》は限《かぎ》りない。それだけに、親《おや》が子どもを育てることの意義《いぎ》を、どう自覚《じかく》し、いかなる哲学を胸中《きょうちゅう》に打《う》ち立《た》てているかが、重要《じゅうよう》になる。

もちろん、子育て支援《しえん》や虐待《ぎゃくたい》の防止《ぼうし》のためには、行政《ぎょうせい》などの取《と》り組《く》みも必要不《ひつようふ》

ヤング・ミセスの集い（1986年4月11日、東京・小平文化会館で）

可欠《かけつ》である。しかし、より重要《じゅうよう》なことは、地域社会の中に、ともに子どもを守《まも》り、若《わか》い母親を励《はげ》まそうとする、人間のネットワークがあるかどうかではないだろうか。

学会の婦人部には、仏法の眼《まなこ》から見た、子ども観《かん》や子育て観が確立《かくりつ》されている。そして、既《すで》に子どもを育《そだ》て上《あ》げた人たちの体験《たいけん》などが、日常《にちじょう》の活動のなかで、若《わか》い母親たちに伝《つた》えられている。また、婦人部の「ヤング・ミセス」の組織《そしき》には、子育ての悩《なや》みなどを相談《そうだん》し、励《はげ》まし合《あ》う人間の輪《わ》がある。

さらに、婦人部では、皆《みな》が自主的《じしゅてき》に、子育て中のメンバーを、さまざまなかたちで応援《おうえん》しているケースも少なくない。

婦人部を中心とした学会の人間ネットワークは、核《かく》家族化が進んだ現代《げんだい》にあって、励《はげ》ましと協力《きょうりょく》の地域交流《こうりゅう》のモデルとして、大きな役割《やくわり》を担《にな》っているといってよい。

山本伸一は、八月十二日に、九州総合研修所から東京に戻《もど》ると、十四日には茨《いばら》城《き》を訪問《ほうもん》し、郷土《きょうど》文化祭などに出席《しゅっせき》。健闘《けんとう》する友をねぎらい、讃《たた》えた。そして、十九日には、再《ふたた》び九州総合研修所での諸行事《しょぎょうじ》に出席するため、羽田空港《はねだくうこう》を発《た》った。空港《くうこう》に向《む》かう途中《とちゅう》、伸一は、峯子《みねこ》とともに、母の幸《さち》を見舞《みま》った。この時も、母は、「私は大丈夫《だいじょうぶ》だから、みんなのところに行っておあげ。みんなのために戦《たたか》うお前を見ることが、いちばん嬉《うれ》しいんだよ」と、病《やまい》の床《とこ》で、伸一たちを見送《みおく》ってくれたのである。

八月の末《すえ》、伸一は、東京に戻《もど》った。神奈川、埼玉、静岡などの訪問《ほうもん》のスケジュールが、ぎっしりと詰《つ》まるなか、九月五日の東京文化祭《ぶんかさい》を迎《むか》えた。

そして、この五日の朝、母・幸《さち》の容体《ようだい》が、思わしくないとの連絡《れんらく》を受《う》けたのである。

東京文化祭《ぶんかさい》を終《お》え、大田区の実家《じっか》に駆《か》けつけた山本伸一は、深《ふか》い眠《ねむ》りについた母・幸《さち》の顔を、じっと見ていた。幾重《いくえ》にも刻《きざ》まれた皺《しわ》が、苦闘《くとう》と勝利の尊《とうと》き年輪《ねんりん》を感じさせた。

時計の音《おと》が、部屋《へや》に響《ひび》いていた。

伸一は、午前一時半ごろまで付《つ》き添《そ》っていたが、ひとまず帰宅《きたく》することにした。六日は月曜であり、学会本部で、朝早く、決裁《けっさい》しなければならない事柄《ことがら》も多いからだ。

伸一が帰《かえ》って、五時間近くが過《す》ぎた、九月六日の午前六時十五分、母・幸《さち》は、老衰《ろうすい》のため、息《いき》を引《ひ》き取《と》った。享年《きょうねん》八十歳。家族の唱《とな》える題目の声を聞きながら、安《やす》らかに、霊山《りょうぜん》へ旅立《たびだ》ったのである。

伸一は、その知らせを受《う》けると、直《ただ》ちに自宅《じたく》で御本尊《ごほんぞん》に向《む》かい、妻の峯子《みねこ》とともに、追善《ついぜん》の勤行《ごんぎょう》を行《おこな》った。彼の脳裏《のうり》に、平凡《へいぼん》で慎《つつ》ましやかだが、清《きよ》く、強く、優《やさ》しかった母との思い出が、次々《つぎつぎ》に浮《う》かんでは消《き》えた。

子だくさんで、家業《かぎょう》が斜陽《しゃよう》の道をたどるなかで生きた母の人生は、苦渋《くじゅう》と忍耐《にんたい》の日々であったにちがいない。しかし、仏法を持《たも》ってからの母は、自《みずか》らの使命《しめい》に目覚《めざ》め、ひたすら広宣流布を願《ねが》い、喜々《きき》として題目を唱《とな》え続《つづ》けた。人生の勝負《しょうぶ》は、総仕上《そうしあ》げの晩年《ばんねん》にこそ、あるといえよう。

伸一が、実家《じっか》に到着《とうちゃく》し、永眠《えいみん》した母と対面《たいめん》したのは、午前十時半過ぎであった。微笑《ほほえ》むような、穏《おだ》やかな顔であった。

伸一は、母の冥福《めいふく》を祈《いの》って題目を三唱《さんしょう》したあと、静《しず》かに心で語りかけた。

〝母さん。安《やす》らかに眠《ねむ》ってください。伸一は、広宣流布のために戦《たたか》い抜《ぬ》いてきました。母さんは、いつも私を優《やさ》しく見守《みまも》り、陰《かげ》で支《ささ》え続《つづ》けてくれましたね。霊《りょう》山《ぜん》に詣《もう》でられたら、山本伸一の母と名乗《なの》ってください。大聖人は、心から讃歎《さんたん》して、お迎《むか》えくださることは間違《まちが》いありません。私は、これからも、母さんへの、報恩《ほうおん》のため、世界の尊《とうと》き母たちのために、人生の一切《いっさい》を、広宣流布に捧《ささ》げてまいります。母さん。ありがとう！〟

母・幸《さち》の通夜《つや》は、九月七日に営《いとな》まれ、翌《よく》八日には密葬《みっそう》が行《おこな》われた。会場は、いずれも、東京・大田区《おおたく》の実家《じっか》であった。

出棺《しゅっかん》となった八日の午後二時過ぎ、車に乗《の》ろうとして、伸一は空を見上《みあ》げた。青空に雲が流《なが》れていた。

十九年前のこの日は、横浜・三ツ沢《みつざわ》の競技場《きょうぎじょう》で、戸田城聖《じょうせい》が「原水爆禁止宣言《げんすいばくきんしせん げん》」を行《おこな》った日である。その時の光景《こうけい》が、ありありと、伸一の脳裏《のうり》に浮《う》かんだ。そして、その戸田に、心から信頼《しんらい》を寄《よ》せ、戸田に仕《つか》えるわが子を、誇《ほこ》りに思うと語っていた、母の言葉が胸《むね》に蘇《よみがえ》るのであった。

――それは、戸田の事業《じぎょう》が暗礁《あんしょう》に乗《の》り上《あ》げ、窮地《きゅうち》を脱《だっ》するために、伸一が奮闘《ふんとう》を重《かさ》ねていたころのことである。給料《きゅうりょう》も遅配《ちはい》が続《つづ》き、オーバーも買《か》えず、食事も満足《まんぞく》にとれないような日々が続いていた。

伸一は、久《ひさ》しぶりに、実家《じっか》に立《た》ち寄《よ》った。なんの土産《みやげ》も用意《ようい》できなかったが、せめて母に顔を見せて、安心《あんしん》させたかったのである。

母は、伸一の身《み》なりから、わが子の置《お》かれた状況《じょうきょう》を、すぐに察知《さっち》したようであった。

幸《さち》は、笑《え》みを浮《う》かべて言った。

「戸田先生が、どれほど立派《りっぱ》な方《かた》か、私には、よくわかります。たとえ、どんな事態《じたい》になろうとも、先生のご恩《おん》を、決《けっ》して忘《わす》れず、先生のために働《はたら》き抜《ぬ》きなさい。それが、人間の道です。

どんなに苦しいことがあっても、自分が正《ただ》しいと信《しん》じた道を貫《つらぬ》き、戸田先生に仕《つか》えるあなたは、私の誇《ほこ》りです。私のことや、家のことは心配《しんぱい》せずに、先生とあなたの大きな理想《りそう》のために、頑張《がんば》り抜《ぬ》くんですよ」

母は、こう言って、家にあった食べ物などを持たせてくれた。

その言葉が、日々、師《し》を守《まも》り抜《ぬ》くために億劫《おくごう》の辛労《しんろう》を尽《つ》くす思いで生きていた伸一にとって、どれほど大きな力《ちから》となったことか。

母の言葉には、万鈞《ばんきん》の重《おも》みがある。慈愛《じあい》と精魂《せいこん》を注《そそ》いで育《そだ》ててくれた人の励《はげ》ましだからこそ、生命の奥深《おくふか》く、染《し》み渡《わた》るのである。

山本伸一の母親が他界《たかい》したことを知った関西の創価女子学園の生徒《せいと》たちは、すぐに、皆《みな》で「母」の歌を歌い、テープに吹《ふ》き込《こ》んだ。冥福《めいふく》を祈《いの》っての合唱《がっしょう》であった。そして、そのテープを、伸一に贈《おく》った。

九月九日の朝、伸一は、それを聴《き》いた。乙女《おとめ》たちの優《やさ》しさと真心が、熱《あつ》く、深《ふか》く、心に染《し》みた。彼は、感謝の思いを込《こ》めて、母の写真を贈《おく》り、その写真を収《おさ》めた台紙《だいし》の表紙《ひょうし》の裏《うら》に、歌を認《したた》めた。

悲母《はは》　逝《ゆ》きて
　娘《こ》らの　おくりし
　　母の曲
今朝《けさ》に　聞かなむ
　大空《おおぞら》ひびけと

十三日には、東京・品川区内《しながわくない》で、幸《さち》の本葬儀《ほんそうぎ》が営《いとな》まれた。

伸一は、遺族《いぞく》を代表《だいひょう》し、謝辞《しゃじ》を述《の》べた。

彼は、母が、七月初旬《しょじゅん》、危篤状態《きとくじょうたい》に陥《おちい》り、医師《いし》も匙《さじ》を投《な》げた状態《じょうたい》であったにもかかわらず、奇跡的《きせきてき》な回復《かいふく》を遂《と》げ、以来《いらい》二カ月余《よ》、悠々自適《ゆうゆうじてき》の毎日を送《おく》り、満足《まんぞく》しきった臨終《りんじゅう》を迎《むか》えたことを語った。

信心による「更賜寿命《きょうしじゅみょう》」（更《さら》に寿命を賜《たま》う）の実証《じっしょう》を、伸一は痛感《つうかん》していた。この母の勝利を、心から感謝し、讃嘆《さんたん》したかったのである。

そして、これを機縁《きえん》に、ますます広宣流布に精進《しょうじん》していくことを誓《ちか》い、烈々《れつれつ》たる決意《けつい》をもって話を結《むす》んだ。

母は、世《よ》を去《さ》った。しかし、人を慈《いつく》しむ母の心、平和を愛する母の思いは、伸一の心に、生き続《つづ》けている。さらに、鉄《てつ》の意志《いし》をもった父の心も……。

父母の偉大《いだい》さを証明《しょうめい》するのは、残《のこ》された子どもである。子が、いかなる生き方をし、何を成《な》し遂《と》げるかだ。父母は、霊山《りょうぜん》にあって、じっと、わが子を見ているのだ。

御聖訓《ごせいくん》には「父母の遺体《いたい》は子の色心《しきしん》なり」（御書一四三四ジペー）と仰《おお》せである。伸一は、母の遺影《いえい》に向《む》かい、心で語りかけた。

〝母さん！　伸一は大闘争《だいとうそう》を開始《かいし》します〟

（1）「富と福音――カーネギー自伝」坂西志保訳、『世界の人間像　5』所収、角川書店
（2）『シェイクスピア全集　Ⅱ』小田島雄志訳、白水社
（3）日寛上人著「臨終用心抄」堀日亨編『富士宗学要集　3』所収、創価学会
（4）ナワイー著『言海の至宝』Алишер Навоий, Уммондан дурлар, Шарк.
（5）『牧口常三郎全集　6』第三文明社
（6）ビリューコフ著『大トルストイ　Ⅰ』原久一郎訳　勁草書房
（7）ペイジ著「不屈の魂」（英語版）から。“*Austrarian Verse : An Illustrated Treasury*” Chosen by Beatrice Davis, The State Library of New South Wales Press.

挿画　内田　健一郎

第四章

長編詩

母に最敬礼《さいけいれい》

偉大《いだい》なる母
崇高《すうこう》なる母
厳然《げんぜん》たる母

母は優《やさ》しく
そして
誰《だれ》よりも強い
母は
常《つね》に笑《わら》い
そして
面白《おもしろ》くて　怖《こわ》い

その母は
幼稚《ようち》のように見えるが
鋭《するど》き人生の研究者《けんきゅうしゃ》であり
生活博士である

母がいない世界は闇《やみ》
母がいる世界は
春夏秋冬《しゅんかしゅうとう》　いつも温《あたた》かい
そこには香風《こうふう》と
団欒《だんらん》の花園《はなぞの》がある

母の魂《たましい》は
仏《ほとけ》の如《ごと》く
母の心は
菩薩《ぼさつ》の如く
母の指揮《しき》は
芸術家《げいじゅつか》の如く

母はいつも
苦しくても
楽しくても
悲《かな》しくても
安心と安穏《あんのん》の舞台《ぶたい》を
創《つく》ってくれる

さらに
心の傷《きず》を癒《いや》してくれる
崇高《すうこう》なる名医《めいい》でもある

母の心は
海の底《そこ》よりも深《ふか》く
真実《しんじつ》の眼《まなこ》を開きながら
親《した》しげに
微笑《ほほえ》んでくれる

母は
来る日も　来る日も
早朝《そうちょう》であれ
真夜中《まよなか》であれ
「お前たちを離《はな》さない」と
無言《むごん》に語ってくれる

その偉大《いだい》な魂《たましい》は
紅《くれない》に燃《も》える太陽のように
恵《めぐ》みの光線《こうせん》を
贈《おく》ってくれる母

愛情《あいじょう》に満《み》ち満ちた
光《ひかり》をそそぎ
陰気《いんき》なるものを嫌《きら》い
毎日、毎日
平和の塔《とう》を指《ゆび》さし

人々の往来《おうらい》を
指図《さしず》する母

会う人ごとに
喜《よろこ》びを結《むす》び
一歩でも二歩でも
良《よ》き社会にしようとする
人権《じんけん》の闘士《とうし》
平和の闘士
慈愛《じあい》の闘士たる母

この母には
いかなる著名人《ちょめいじん》も
政治権力者《せいじけんりょくしゃ》も
誰人《だれびと》もかなわぬ
限《かぎ》りなく

数々《かずかず》の深《ふか》き思い出を
創《つく》ってくれる
偉大《いだい》な母よ

財宝《ざいほう》がなくても
全《まった》く無関心《むかんしん》で
悠々《ゆうゆう》として
いつも
にこやかに平気《へいき》な母

粗末《そまつ》な食事でも
「有名《ゆうめい》レストランよりも
はるかにおいしい」と
自《みずか》らを称《たた》えながら
大笑《おおわら》いしながら
食事を作ってくれる母

小さい部屋でも
「掃除《そうじ》が簡単《かんたん》で
価値的《かちてき》だ」と
はしゃぐ母

無実《むじつ》の批判《ひはん》や
誹謗《ひぼう》にも
平然《へいぜん》としている母

世界中の
いかなる有名人《ゆうめいじん》よりも
賢《かしこ》い現実《げんじつ》の役者《やくしゃ》
それは　高次元《こうじげん》な大舞台《だいぶたい》で
三世《さんぜ》の諸仏《しょぶつ》と舞《ま》い
諸天善神《しょてんぜんじん》たちに
喝采《かっさい》を送《おく》られている

大人《だいにん》気者《きもの》の母

いくら非難中傷《ひなんちゅうしょう》されても
「あの人は嘘《うそ》つき」
「あの人は偽善《ぎぜん》」
「あの人は嫉妬《しっと》」と
鋭《するど》く見破《みやぶ》る力《ちから》は
検察官《けんさつかん》よりも強い

いかなる誹謗《ひぼう》にも
権力者《けんりょくしゃ》にも
絶対に屈《くつ》せぬ
正義の母

その母に感謝
その母に最敬礼《さいけいれい》

一九九五年一月二日

絢爛《けんらん》たる二十一世紀　女性の世紀は来《きた》れり！

厳しい冬が去《さ》り
明るい日差《ひざ》しの
春の光《ひかり》がやってきた。

この太陽の光《ひかり》を受《う》けながら
悲嘆《ひたん》に暮《く》れる人びとも
みな甦《よみがえ》れと
汝《なんじ》の魂《たましい》の太陽は叫《さけ》ぶ。

前途《ぜんと》に
いくら凍《こお》りつきそうな
日々があっても
北風《きたかぜ》　荒《すさ》ぶ
暗《くら》い日々があっても

私は
無限《むげん》に明るい希望を
持っている。
貧《まず》しい魂《たましい》の悔恨《かいこん》に
悩《なや》まされるような
弱《よわ》い自分ではない。

壮大《そうだい》に生《い》き抜《ぬ》く
未来のある信仰《しんこう》の人には
わが道の彼方《かなた》に
香気《こうき》が漂《ただよ》いゆく
わが城《しろ》が待《ま》っている。

貴女《あなた》の永遠《えいえん》の生命が

そして優《やさ》しさと
純粋《じゅんすい》な信仰《しんこう》の生命が
正義の善《ぜん》の風《かぜ》を浴《あ》びながら
病《や》める魂《たましい》の人々を
偉大《いだい》な妙法《みょうほう》の力《ちから》で
包容《ほうよう》する姿《すがた》は
まさしく人間の天使《てんし》だ。

イギリスの作家
ラスキンは言った。
「正《ただ》しいことを為《な》すに従《したが》って、
ますます多くの生命が
人間に加《くわ》わってくる」

私たちは
平凡《へいぼん》かもしれないが
選《えら》ばれた
平和建設《けんせつ》の女性として
正《ただ》しい人生の道を
真心こもる人間の道を
歩《あゆ》みゆく。
そして
いかなる狂乱《きょうらん》の
厄介者《やっかいもの》に対《たい》しても
高々《たかだか》と頭《こうべ》を上《あ》げながら
正義と幸福のために
反撃《はんげき》する。

多くの悪《あく》の輩《やから》の
いかなる憂鬱《ゆううつ》な暗雲《あんうん》が
襲《おそ》いかかっても
賢明《けんめい》なる人間本来《ほんらい》の力《ちから》が
天与《てんよ》された私たちは
晴《は》れ晴《ば》れと手を掲《かか》げながら

滅《ほろ》びることのなき
正《ただ》しく美しき道をば
賑《にぎ》やかに戦《たたか》い進む。

私たちは負《ま》けない。
卑劣《ひれつ》な葛藤《かっとう》の流《なが》れの
音《おと》は高《たか》くとも
千万の光《ひかり》を点《てん》じながら
不幸《ふこう》の暗闇《くらやみ》を乗《の》り越《こ》える。

星《ほし》の明《あ》かりに照《て》らされた
優《やさ》しくして強き魂《たましい》は
穏《おだ》やかにして深《ふか》き知性《ちせい》の
天《てん》の意志《いし》を持っているからだ。

あの尊大《そんだい》ぶった
憎悪《ぞうお》の行列《ぎょうれつ》には
幸福などは
あり得《え》ぬことを
知悉《ちしつ》しているからだ。

「善《ぜん》は
永遠《えいえん》に善であり続《つづ》けるが
悪《あく》は
時とともに悪《わる》くなっていく」
これは
スイスの大教育者
ペスタロッチの言葉である。

私たちは
魂《たましい》の壮麗《そうれい》なる
幸福と勝利の金字塔《きんじとう》を
一日また一日と
築《きず》いていくのだ。

そこには
歓喜《かんき》の歌が流《なが》れ
私自身が栄《さか》えゆく
永遠《えいえん》の芸術《げいじゅつ》の生活が並《なら》ぶ。
快活《かいかつ》に
来る日も　また来る日も
日光《にっこう》が輝《かがや》き
星《ほし》の光《ひかり》が
我《われ》を飾《かざ》ってくれる。

胸《むね》が燃《も》ゆる
躍《おど》り進んでゆく
私の彼方《かなた》には
あの陽光《ようこう》に包《つつ》まれた
青春の日々を走《はし》り切《き》り
戦《たたか》い勝った喜《よろこ》びの満足《まんぞく》が

そして生《い》き抜《ぬ》く力《ちから》が
希望の中に込《こ》み上《あ》げてくる。

私は
いかなる苦難《くなん》の
宿命《しゅくめい》があったとしても
断《だん》じて
私の道から逃《に》げない。
それが
人間としての
正《ただ》しい歩《あゆ》みであるからだ。

あのデンマークの作家
アンデルセンの童話《どうわ》にも
「気を落《お》としてはいけません！」
「うなだれていたって
何《なん》にもなりゃしません」と

語られている通《とお》りである。

満月《まんげつ》の夜
そうだ！
三日月《みかづき》の日も
あるではないか。
常《つね》に常に
同じ姿《すがた》ではない。
同じ幸福ではない。
すべての不幸《ふこう》を
すべての幸福に
変《か》えゆく法理《ほうり》が
仏法だ。

私の人生は
自分自身への
最高の贈《おく》り物《もの》と
思っている。

厳寒《げんかん》の冬の朝
食事の支度《したく》も
私が選《えら》んだ
偉大《いだい》な芸術《げいじゅつ》であるのだ。

小さな子どもの泣《な》き声も
そしてまた
子どもたちを
守《まも》り育《そだ》てゆくのも
人生の不滅《ふめつ》の勝利のための
当然《とうぜん》の誇《ほこ》りある任務《にんむ》だ。

「偉人《いじん》を作るもの、
　それは母である」とは
英雄《えいゆう》ナポレオンの

感謝の言《げん》であった。

いかに貧《まず》しきように見える
わが家《や》の玄関《げんかん》も
王宮《おうぐう》の煌《きら》びやかな扉《とびら》に勝《まさ》る
多くの人に価値《かち》を与《あた》えゆく
宮殿《きゅうでん》の門《もん》である。

私たちの人間の城《しろ》には
廃墟《はいきょ》などはない。
尊《たっと》い時間を
惜《お》しみなく捧《ささ》げ
永遠《えいえん》の法理《ほうり》に生《い》き抜《ぬ》く
最極《さいごく》の道場《どうじょう》なのだ。
幸福と平和の宮殿《きゅうでん》なのだ。
黄金《おうごん》の価値《かち》ある
無限《むげん》の生命の大城《だいじょう》なのだ。

私たちの家には
財宝《ざいほう》は少なくとも
哲学がある！
私たちの家には
名声《めいせい》はなくとも
正法《しょうほう》がある！
私たちの家には
古《ふる》い家具《かぐ》しかないが
偉大《いだい》なる思想《しそう》がある！

フランスの文豪《ぶんごう》
ロマン・ロランは綴《つづ》った。
「思想《しそう》は大砲《たいほう》よりも
永続《えいぞく》する城砦《じょうさい》です」

私たちは庶民《しょみん》だ。

高位高官《こういこうかん》ではない
貴族《きぞく》でもない。
しかし
人間には変《か》わりはない。
それが民主主義《みんしゅしゅぎ》である。
変わりがあると思えば
それは
傲慢《ごうまん》にして狂人《きょうじん》の眼《まなこ》だ。

悪人《あくにん》は狡賢《ずるがしこ》い。
しかも
陰湿《いんしつ》である。

アンデルセンは叫《さけ》んだ。
「人生のたたかいに
　強《つよ》くなれ」
正《ただ》しい人は強い！

何年《なんねん》もの間《あいだ》
常《つね》に愚痴《ぐち》と
進歩《しんぽ》なき人は
不幸《ふこう》だ。
人のため
正義のために尽《つ》くす人は
永遠《えいえん》にして無制限《むせいげん》に
進歩《しんぽ》している人だ。
そこには
勝利がある。
悔《く》いがなく満足《まんぞく》がある。

なんと
虚栄《きょえい》の多き世の中よ。
なんと儚《はかな》く
人の不幸《ふこう》の上に

幸福を築《きず》こうと焦《あせ》る人びとよ。

いざという時
なんと
無慈悲《むじひ》な人間の醜態《しゅうたい》よ。
人の悲《かな》しみをよそに
いつも虚栄《きょえい》の心で
振《ふ》る舞《ま》う姿《すがた》に
自《みずか》らの清《きよ》き生命を
滅《ほろ》ぼしてゆく
なんと愚《おろ》かな人生よ。

あの人は
心傲《おご》りて
いつも
古《ふる》き友は去《さ》っていく。
アンデルセンは戒《いまし》めた。

「高慢《こうまん》は
身《み》をほろぼすもとです」

朗《ほが》らかにして
生命の容色《みめ》の美しき
新《あたら》しき友らと
楽しく語り合い
互《たが》いに褒《ほ》め合う
私たちの姿《すがた》の
金色《こんじき》に輝《かがや》く光《ひかり》の心よ。

人びとよりも早く
朝の大気《たいき》を吸《す》いながら
幸福と平和を誓願《せいがん》する
荘厳《そうごん》な姿《すがた》の人は尊《たっと》い。

静《しず》かな夜

無数《むすう》の人々の安《やす》らぎを祈《いの》り
所願《しょがん》を満足《まんぞく》せしめんと
祈りゆく姿《すがた》は
崇高《すうこう》だ。

私の血管《けっかん》の中には
今は亡《な》き父の魂《たましい》も
そして
老《お》いたる母の心も
浄《きよ》き水が湧《わ》き出《い》ずるが如《ごと》く
流《なが》れ通《かよ》っている。

父も母も
地道《じみち》にして最高の
善人《ぜんにん》としての
勝利を飾《かざ》りゆく
人生であった。

ある時は
重《おも》い濁《にご》った目つきの人びとに
非難《ひなん》され
そしてまた
ある時は
邪険《じゃけん》な嫉妬《しっと》の呪《のろ》いの言葉を
幾《いく》たびとなく聞かされた。

しかし
あの悪意《あくい》の友人は
自分自身の幸福をも
引《ひ》き裂《さ》いてしまった。

ペスタロッチは語る。
「嫉妬《しっと》は人間を歪《ゆが》ませる。
嫉妬に狂《くる》った人間は

物事《ものごと》を真《ま》っ直《す》ぐに
見ることができない。
他人《たにん》と同様《どうよう》に自分自身さえも
曲《ま》がって見えてしまう」

私は力強《ちからづよ》く
明快《めいかい》なる人生を
正《ただ》しく生きた。
そして
正しい人びとに
喝采《かっさい》された。

私は勝ったのだ。
私は満足《まんぞく》だ。
後悔《こうかい》などは
私には　もはやない。

私の魂《たましい》の壮麗《そうれい》さは
わが子に
そして　わが家《や》に
勝利の記念碑《きねんひ》として
深《ふか》く残《のこ》りゆくことは
間違《まちが》いないのだ。

イタリアの桂冠詩人《けいかんしじん》
ペトラルカは
「凱旋《がいせん》」と題《だい》して謳《うた》った。
「勝ち誇《ほこ》りし信仰《しんこう》よ！
栄冠《えいかん》は汝《なんじ》にあり
地上《ちじょう》でも　遙《はる》か天空《てんくう》でも
その力《ちから》を感《かん》ずるものなり」

真夏《まなつ》に
走《はし》り　汗《あせ》をかきながら

掃除《そうじ》をし洗濯《せんたく》をしながら
絶《た》え間《ま》ない
生きた水の流《なが》れのように
すべての約束《やくそく》を守《まも》り
働《はたら》き　苦労《くろう》する貴女《あなた》よ！

うぬぼれ強い近隣《きんりん》の
毒矢《どくや》のような批判《ひはん》も
ならず者《もの》のような
狡賢《ずるがしこ》い中傷《ちゅうしょう》も
貴女《あなた》には
喜劇《きげき》のように思えて
さらに嬉々《きき》とした
神々《こうごう》しき美《び》の魂《たましい》が
躍動《やくどう》する。

正法正義《しょうほうしょうぎ》の
貢献《こうけん》のために戦《たたか》いし
凛々《りり》しき母たちに対《たい》して
中傷悪口《ちゅうしょうあっこう》を
浴《あ》びせられたことは
数限《かずかぎ》りない。

しかし
善《ぜん》に生《い》き抜《ぬ》く
正義の母たちの魂《たましい》は
揺《ゆ》るぎなき
強く深《ふか》き信念《しんねん》であった。

イギリスの劇作家《げきさっか》
シェークスピアは記《しる》している。
「美徳《びとく》は
勇敢《ゆうかん》であり、
善良《ぜんりょう》は

恐《おそ》れを知らぬものだ」
インドの非暴力《ひぼうりょく》の英雄《えいゆう》
マハトマ・ガンジーは訴《うった》えた。
「臆病《おくびょう》は
最大《さいだい》の悪徳《あくとく》である」

毒矢《どくや》で狙《ねら》い撃《う》ちされても
毅然《きぜん》として
正法正義《しょうほうしょうぎ》の流布《るふ》に
立《た》ち上《あ》がった
貴女《あなた》の魂《たましい》は
明るく勇敢《ゆうかん》であった。

母は
人びとの幸福のために
人びとの平和のために
ひたすら祈《いの》り
戦《たたか》ってきた。

偉大《いだい》なる魂《たましい》の
母に対《たい》して
いわれなき誹謗《ひぼう》と非難《ひなん》は
数多く繰《く》り返《かえ》された。

しかし
母は強かった。
母は明るかった。
母は負《ま》けなかった。
母は泣《な》かなかった。
母は
再《ふたた》び立《た》ち上《あ》がった！

悔《くや》し涙《なみだ》が

出そうになっても
毅然《きぜん》として
太陽が照《て》り
輝《かがや》いていくが如《ごと》く
明るく
善《ぜん》と正義のために
奮《ふる》い立《た》った。

そして
一歩また一歩と
前に進んだ。
仏《ほとけ》の如《ごと》く進んだ。

そこには
若《わか》き母がいた。
病弱《びょうじゃく》の母がいた。
老《お》いたる母がいた。

無学《むがく》の母がいた。
賢明《けんめい》の母がいた。
子を亡《な》くした母がいた。
夫《おっと》を亡くした母がいた。
病気《びょうき》の家族を持つ母がいた。
貧《まず》しき母もいた。
富《と》める母もいた。
しかし
どの母も母である。

母ほど
優《やさ》しく強く
愚直《ぐちょく》で賢《かしこ》く
楽観《らっかん》で真剣《しんけん》なる
弱《よわ》そうで強靱《きょうじん》な
魂《たましい》の人間はいない。
それが母である！

雨の日もあり
雪の日もあり
曇《くも》りにも
晴れにも
痛《いた》みを感《かん》ずる
命《いのち》の茨《いばら》の道をば
麗《うるわ》しき
わが夢のある限《かぎ》り
剣《つるぎ》を強く振《ふ》りながら
進みゆくのだ。

微笑《ほほえ》みの国タイの思想家《しそうか》
ワーターカーンは謳《うた》った。
「未来を創《つく》る仕事《しごと》に
喜《よろこ》びを見出《みいだ》し
これこそ私の仕事であると
確信《かくしん》すれば
人生はすべての段階《だんかい》で
楽しむことができる」

ああ　あまりにも
大きな天《てん》の仕事を続《つづ》けゆく
刻一刻《こくいっこく》の　あの姿《すがた》！
なんと涙《なみだ》が溢《あふ》れんや。
そこに
永遠《えいえん》の心乱《みだ》れぬ美《び》があり
人として無限《むげん》の
恐《おそ》ろしいほどの美がある。

新《あたら》しき太陽とともに
新しき女性の世紀は来《きた》りぬ。
女性の世紀とは
女性の幸福と

平和の権利《けんり》を
勝ち取《と》りゆく
生活の勝利だ。
運動の勝利だ。
活動の勝利だ。
前進の勝利だ。
生《い》き抜《ぬ》く勝利だ。
一家の勝利だ。

仏《ほとけ》の御聖訓《ごせいくん》の通《とお》りに
絶対に間違《まちが》いのない
その正道《せいどう》を歩《あゆ》みゆく
私たちの前途《ぜんと》は
幸福と勝利に
充《み》ち満《み》ちているのだ。

新世紀の
無限《むげん》に飛躍《ひやく》していく
強き女性よ　万歳《ばんざい》！
母親よ　万歳！

二〇〇二年十二月七日

新世紀の婦人部の
歴史的な総会を記念して

「女性の世紀」に　母たちを守《まも》れ!
平和の天使《てんし》　家庭の太陽

あの揺《ゆ》れ騒《さわ》ぐ
嵐《あらし》の日でも
母は
わが子を抱《だ》きしめ
夜　吹《ふ》く風雨《ふうう》が過《す》ぎ去《さ》るのを
待《ま》っていた。

いま目覚《めざ》めようとする
わが子を守《まも》り
母の耐《た》えゆく
神々《こうごう》しき姿《すがた》を
多くの人びとは生涯《しょうがい》
忘《わす》れることはないだろう。

母は
淋《さび》しき孤独《こどく》のように
見えながら
大きすぎるほど
愉快《ゆかい》な広き心を
持っている。

母が語ると
いかなる学者《がくしゃ》も
かなわぬほどの智慧《ちえ》で
人の心を打《う》つ教育者だ。
母が笑《わら》うと

心の奥底《おくそこ》まで快活《かいかつ》になり
夢見るような自分になる。
いかなる名優《めいゆう》よりも
母は真実《しんじつ》の名優だ。

激《はげ》しき雷雨《らいう》があっても
硝子戸《ガラスど》から
決《けっ》して逃《に》げないで
子どもの帰《かえ》りを待《ま》つ
母の姿《すがた》！

激怒《げきど》が走《はし》るような
社会の悪辣《あくらつ》な記事《きじ》。
母は
毎日そして毎朝
大空の奥《おく》まで見つめながら
深《ふか》く祈《いの》り
決然《けつぜん》と立《た》ち上《あ》がる。

再《ふたた》び始《はじ》まる生活の
無限《むげん》の多忙《たぼう》さを
最《もっと》も目《め》まぐるしい
大道芸人《だいどうげいにん》のごとく
動《うご》き回《まわ》る母よ！

贅沢《ぜいたく》をしない母
いな
贅沢をできない母。
しかし母は
皇帝《こうてい》の后《きさき》以上《いじょう》に
私にとって大事な母だ。

母は常《つね》に
温雅《おんが》であり

素朴《そぼく》であり
そして
正《ただ》しく
決断《けつだん》の人である。

歴史上《れきしじょう》
いかなる英雄《えいゆう》たりとも
母に
かなうものはいない。

巡《めぐ》り来る幾年月《いくとしつき》の間《あいだ》
母は黙々《もくもく》と
一日一日を
病《や》める者《もの》の
身内《みうち》となって
看護《かんご》しながら働《はたら》く。
誰《だれ》が見ていようといまいと
ひたすらに働く。
駆《か》けずり回《まわ》る。

そこには
全《まった》く落胆《らくたん》もない。
何《なん》のためなのかを
私たちは知らなくとも
母は
無名《むめい》にして偉大《いだい》なる
地道《じみち》な業績《ぎょうせき》を残《のこ》し
我々《われわれ》のために
勝利し続《つづ》けてくれているのだ。

おお
過去《かこ》も現在《げんざい》も未来も
母の魂《たましい》より
偉大《いだい》なる功績《こうせき》はない。

学問《がくもん》のなき母を愚弄《ぐろう》する
高慢《こうまん》な奴《やつ》もいるが
それは
無情《むじょう》の冷《つめ》たい天地《てんち》で
侘《わび》しく寂《さび》れた墳墓《ふんぼ》に入《はい》りゆく
敗北《はいぼく》の人生の姿《すがた》だ。

光明《こうみょう》は常《つね》に
母の振《ふ》る舞《ま》いの中に
豊《ゆた》かに輝《かがや》いている。
いつも
そしていつも
計《はか》り知れない八方《はっぽう》を
気遣《きづか》いながら
富《と》み栄《さか》えゆくことなど
微塵《みじん》も考《かんが》えずに

いたましくも
母は
天使以上《てんしいじょう》の
美しく強い魂《たましい》を持って
今日《きょう》も働《はたら》いてくれる。

母！
おお
偉大《いだい》なる母！

いかなる
浮沈《ふちん》の時代にあっても
母は
私たちを
あの果《は》てしない
微笑《びしょう》をしながら
守《まも》り育《はぐく》んでくれた。

その深《ふか》い慈愛《じあい》の努力《どりょく》を
いかに無知《むち》なる
私たちであっても
どうして
忘《わす》れることができようか。

「この世で尊敬《そんけい》する人
それは
母に勝《まさ》る人はいない」
これは
ある哲学者の言葉である。

隣近所《となりきんじょ》から
中傷《ちゅうしょう》され
傷《きず》つく日々も多い母。
その卑《いや》しき人びとをも

まるで病的《びょうてき》な人間の
暗《くら》い地獄《じごく》行きの行列《ぎょうれつ》を
見るように哀《あわ》れむ
母の強き慈愛《じあい》の瞳《ひとみ》！

あの多くの花々の
咲《さ》き乱《みだ》れる庭《にわ》はなくとも
母のけなげな姿《すがた》が
崇高《すうこう》な薔薇《ばら》の咲《さ》く楽園《らくえん》を
作ってくれる
わが家《や》！

おお
疲《つか》れた様子《ようす》の母よ。
しかし
僕《ぼく》たちの心を明朗《めいろう》に
楽しげにさせてくれる

母の
輝《かがや》かしい振《ふ》る舞《ま》いよ！

母には
上流階級《じょうりゅうかいきゅう》も
下流《かりゅう》階級もない。
何も着飾《きかざ》らなくても
そのままが大女優《だいじょゆう》だ。

世界的な名優《めいゆう》であっても
不正《ふせい》に対《たい》する
あの母の怒《いか》りの
迫力《はくりょく》ある名演技《めいえんぎ》は
真似《まね》できない。

自分は演説《えんぜつ》などできないのに
有名《ゆうめい》な政治家《せいじか》の演説を
テレビで見ながら
下手《へた》だ　下手だと
笑《わら》いこけている
偉大性《いだいせい》の母よ！

夫《おっと》から
あまり
非難《ひなん》しない方がいいよと
言われても
すみません　すみませんと
平然《へいぜん》として応《こた》える。
それは
窮地《きゅうち》に追《お》い込《こ》まれたときの
政治家《せいじか》の答弁《とうべん》に
よく似《に》ていると
夫婦《ふうふ》して
ゲラゲラ笑《わら》い飛《と》ばす

大胆《だいたん》さよ！

母は
総理大臣以上《そうりだいじんいじょう》に
経済《けいざい》も　平和も
教育も　哲学も
現実《げんじつ》の政策《せいさく》も
知り抜《ぬ》いている。

母は
ある時は哲学者に
ある時は外交官《がいこうかん》に
ある時は医者《いしゃ》に
ある時は看護師《かんごし》に
そして母は
生活の博学《はくがく》博士だ。

いかなる
気味悪《きみわる》い悪人《あくにん》たちが
襲《おそ》いかかってきても
燃《も》えて輝《かがや》く母の
強い瞳《ひとみ》を見ると
私たちの瞳も
正義に変《か》わる。

断《だん》じて
敵《てき》に負《ま》けない
断じて
軽蔑《けいべつ》に負けない
英雄《えいゆう》の瞳《ひとみ》が輝《かがや》く！

母の
平凡《へいぼん》にして正義の
平凡にして真実《しんじつ》の一声《ひとこえ》は

私たちの肺腑《はいふ》をえぐる。

窓《まど》を打《う》つ雨があっても
雨漏《あまも》りがする嵐《あらし》があっても
青春の人生の花のように
笑《わら》いながら
わが家《や》を引《ひ》き裂《さ》くものと
戦《たたか》いゆく愛の光《ひかり》は
太古《たいこ》からの岩石《がんせき》よりも
強い信念《しんねん》だ。

ある時は
新鮮《しんせん》な果実《かじつ》のように
赤《あか》い頬《ほお》の
若々《わかわか》しき笑顔《えがお》の母！
そこには
なんの不安《ふあん》もなく
生気《せいき》あふれる希望の光《ひかり》が
輝《かがや》き始《はじ》める。

悩《なや》み疲《つか》れても
狂気《きょうき》に似《に》た
非難中傷《ひなんちゅうしょう》があっても
あらゆる苦難《くなん》の
圧力《あつりょく》があっても
ため息《いき》をつくような
悪夢《あくむ》の日々が続《つづ》いても
母の美しき至福《しふく》の微笑《ほほえ》みの
輝《かがや》きを見ると
私たちの胸《むね》に
勇気の閃光《せんこう》が戻《もど》ってくる。

母のいない子もいる。
寂《さび》しいだろう。

思い出が深《ふか》いだろう。
また
思い出がない人も
いるかもしれない。
生まれながらにして
母がいない人も
母が亡《な》くなった人もいる。

母のいない人は
淋《さみ》しそうに思われるが
すべての人間の心の中に
母はいるはずだ。
いな
生きているはずだ。
それが
生命の命運《めいうん》である。

母は
自分の心で
創《つく》れるものだ。
自分自身の心で愛し
決《き》め抜《ぬ》いていく母が
本当の母だ。
現実《げんじつ》の母だ。
自《みずか》らの心に
理想《りそう》の母を描《えが》き持《たも》つこと
これが
真実《しんじつ》の母だ。
「心は
工《たくみ》なる画師《えし》の如《ごと》く」という
先哲《せんてつ》の言葉の通《とお》りである。

誰人《たれびと》であれ
いつの日か

この地球上《ちきゅうじょう》から
去《さ》っていくのだ。
いかなる良心《りょうしん》の母も
恵《めぐ》まれた母も
いつの日か
去ってしまうものだ。

そして
いずれかの世界で
母は生《しょう》ずるものだ。
やがては
自分自身もまた
母になるのだ。

母がいる人は
最大《さいだい》に幸福だ。
しかし
母がいない人もまた
汝《なんじ》の魂《たましい》の中に
必《かなら》ず母は生きている。
同じく幸《しあわ》せなのだ。
これが
永遠《えいえん》の生命の法理《ほうり》だ。

なんといじらしき
尊《とうと》き母の人生よ！

母と聞いただけで
心が和《なご》やかになる。
少年《しょうねん》時代の夢が蘇《よみがえ》る。
けなげに生《い》き抜《ぬ》いていく
いぶし銀《ぎん》の深《ふか》さと尊《とうと》さを
感《かん》ずる。

私の母は
名前は「一《いち》」である。
その名《な》を
父親がつけた
理由《りゆう》のひとつとして
「一番　いい人になりなさい」
「一番　健康で生きなさい」
「一番　長生《ながい》きしなさい」
そして
「一番
皆《みな》さんに尽《つ》くしなさい」と
言っていたそうだ。

そこには
一番　偉《えら》くなれとか
一番　金持《かねも》ちになれとか
一番　名誉《めいよ》を持てとか

そんな
毀誉褒貶《きよほうへん》の意味合《いみあ》いは
全《まった》くない。

母は
よい人間になることだけを
考《かんが》えている。

偉《えら》い人になれとか
富豪《ふごう》になれとか
著名人《ちょめいじん》になれとか
勲章《くんしょう》をもらう人になれとか
マスコミに登場《とうじょう》する人に
なれとか
社会の名声《めいせい》を追《お》うことなど
打《う》ち砕《くだ》いていく
慈悲深《じひぶか》き生命だ。

その深さと高さは
英雄《えいゆう》たりとも　ほど遠《とお》い。

不幸《ふこう》の人を救《すく》わんとして
懸命《けんめい》に働《はたら》く母！
悩《なや》める人を守《まも》らんとして
真剣《しんけん》に走《はし》り動《うご》く母！

その人が
願望《がんぼう》を達成《たっせい》していく姿《すがた》を
見つめる母の瞳《ひとみ》には
ダイヤよりも美しい
涙《なみだ》が光《ひか》っていた。

母という
深《ふか》い深い魂《たましい》の光《ひかり》には
差別《さべつ》はないものだ。

俳優《はいゆう》が
その時その時の
役柄《やくがら》を振《ふ》る舞《ま》うように
母もさまざまな使命《しめい》の姿《すがた》を
見せるけれども
母という崇高《すうこう》な生命には
変《か》わりはない。

我々《われわれ》が仕事《しごと》に疲《つか》れ
戦《たたか》いに敗《やぶ》れ
意気消沈《いきしょうちん》した時も
潑剌《はつらつ》とした
力強《ちからづよ》い希望を
与《あた》えてくれた母！

ものすごい攻撃《こうげき》の
先頭《せんとう》で戦《たたか》ってきた

息子《むすこ》たちでさえ
母の涙《なみだ》の励《はげ》ましには
最敬礼《さいけいれい》する魂《たましい》となる。

地味《じみ》で
誰《だれ》に誉《ほ》められることもなく
いな
さまざまな悪口中傷《あっこうちゅうしょう》の
陰口《かげぐち》をたたかれながら
いつもいつも
間断《かんだん》なく歩《ある》き回《まわ》り
語り続《つづ》ける。

夜遅《よるおそ》く帰宅《きたく》しても
すぐ目を覚《さ》まして
迎《むか》えてくれた母！
いかなる苦悩《くのう》の
最中《さなか》にあっても
何も聞かずに
励《はげ》ましてくれた母！
母の魂《たましい》を知る人は
最大《さいだい》の幸福者《こうふくもの》だ。

母は
偉大《いだい》なる母！
苦難《くなん》の連続《れんぞく》にあっても
一滴《いってき》の涙《なみだ》もこぼさずに
苦しき溜息《ためいき》もつかずに
常《つね》に　そしていつも
私たちを
温《あたた》かく見守《みまも》ってくれたのだ。

いかなる苦悩《くのう》さえも
喜《よろこ》びに変《か》えゆく

力《ちから》を持つ母！
不眠《ふみん》に充血《じゅうけつ》した目を
こすりながらも
一家のすべての者《もの》たちを
強く温《あたた》かく保護《ほご》しゆく
母の魂《たましい》の喜《よろこ》びは
無限《むげん》に光《ひか》る。

母の呼吸《こきゅう》は
生《い》き抜《ぬ》く生活を
生き抜く光《ひかり》を
そして
汝《なんじ》自身の慎《つつ》ましき務《つと》めを
そよ風《かぜ》の如《ごと》く包《つつ》む。

母は自分らしく
一家の片隅《かたすみ》まで愛して
生《い》き抜《ぬ》いている。
狭《せま》い城《しろ》でありながら
光《ひか》り輝《かがや》く太陽に向《む》かって
伸《の》び伸びと
樹木《じゅもく》の如《ごと》く
厳然《げんぜん》と立《た》ち
生き抜いている。

母には
労働基準法《ろうどうきじゅんほう》はない。
働《はたら》かせすぎを罰《ばっ》して
母を守《まも》ってくれる
人間もいない。

だから
夫《おっと》は
妻を大切にするのだ。

子どもたちは
親孝行《おやこうこう》するのだ。
それが
人間の正しい法則《ほうそく》だからだ。

母を悩《なや》ませ
苦しめる人は
悪人《あくにん》だ。

母を苦しめ
泣《な》かす人は
最低《さいてい》の人間だ。

親不孝《おやふこう》を罰《ばっ》する
法律《ほうりつ》はない。
ゆえに
母を
断《だん》じて悲《かな》しませるな！

母を
断じて嘆《なげ》かせるな！

母を苦しめ
いじめる人間は
ヒトラーよりも悪《わる》いと
小学校の教壇《きょうだん》で訴《うった》えた
教師《きょうし》がいたようだ。

忌《い》まわしき
終戦後《しゅうせんご》の地獄《じごく》の廃墟《はいきょ》の
日々にあって
子どもたちのために
日が暮《く》れるまで
芋《いも》の買《か》い出《だ》しに奔走《ほんそう》した
母親がいた。
父親が

「帰《かえ》りが遅《おそ》い」となじると
その小学生の子どもは
母に抱《だ》きつき
「お父さんは
独裁者《どくさいしゃ》よりも残酷《ざんこく》で悪《わる》い」と
母を庇《かば》って　どなり返《かえ》した
という話を聞いた。
感動《かんどう》した。
涙《なみだ》が出た。

わが母を
断《だん》じて守《まも》りゆくことだ。
母を
優《やさ》しき愛で守ることだ。
断じて
悲《かな》しみの道を
歩《あゆ》ませてはならない。

最愛《さいあい》の人は
母！
最高に尊敬《そんけい》すべきは
母だ！

往々《おうおう》にして
男は
勝つことのみを願《ねが》って
生きている。
勝ったときは
有頂天《うちょうてん》となり
負《ま》けたときは
惨《みじ》めな憔悴《しょうすい》の姿《すがた》を見せる。

母は
「決《けっ》して負《ま》けない」という

固《かた》い一念《いちねん》だ。
誇《ほこ》らしげに勝つよりも
断《だん》じて負けない人生に
深《ふか》い誉《ほま》れを持っている。

母は強い。
そして
母は優《やさ》しい。
いくら島国《しまぐに》根性の悪口《あっこう》を
浴《あ》びせられても
大声《おおごえ》で笑《わら》い飛《と》ばしながら
希望を常《つね》に抱《いだ》いている
偉大《いだい》なる母よ！

ある時は
平凡《へいぼん》な母！
ある時は
聡明《そうめい》な母！
ある時は
博士の母！
ある時は
救世主《きゅうせいしゅ》の母！
この母たちありて
人間の世界は明るいのだ！

母は
偉大《いだい》なる指導者《しどうしゃ》である。
開拓者《かいたくしゃ》である。
燦然《さんぜん》たる生命の
宝《たから》の先駆者《せんくしゃ》だ。

母親を
皇帝《こうてい》以上《いじょう》に大切に守《まも》り
生《い》き抜《ぬ》いていくところに

平和と幸福の帝国《ていこく》が
できあがる。
真《しん》の幸福の
人間連帯《れんたい》の世界が
完成《かんせい》される。

世界中
すべての母が
笑顔《えがお》で暮《く》らしゆく世紀が
真《しん》の世界平和の
夜明けなのだ！

二〇〇三年二月二十七日

188　トルストイ『一日一章　人生読本（4～6月）』原久一郎訳、社会思想社
189　Heinrich Pestalozzi, THE EDUCATION OF MAN, Philosophical Library.
190　『完訳　アンデルセン童話集 7』大畑末吉訳、岩波文庫
191　マルテル編『ナポレオン作品集』若井林一訳、読売新聞社
192　『ロマン・ロラン　日記 4』宮本正清訳、みすず書房
193　『完訳アンデルセン童話集 5』大畑末吉訳、岩波文庫
194　『完訳アンデルセン童話集 4』大畑末吉訳、岩波文庫
195　Heinrich Pestalozzi, THE EDUCATION OF MAN, Philosophical Library.
197　「尺には尺を」小田島雄志訳『シェイクスピア全集 2』所収、白水社
198　古瀬恒介『マハートマ・ガンディーの人格と思想』創文社

※上の数字はページを示す

婦人部の歩み

婦人部結成（✿1 年表参照）

1951年（昭和26年）6月10日、戸田第二代会長が会長就任《しゅうにん》後《ご》、各部に先駆《さきが》けて婦人部を結成。この日、婦人部の代表52人が、東京・新宿区内に集った。その際《さい》、戸田会長は、「妙法受持《じゅじ》の女性は、最も尊貴《そんき》な女性であることを自覚《じかく》してもらいたい」と励《はげ》ました。

❋❋❋

戸田は、今夜の会合が、婦人部の成長にとって記念すべき集《つど》いとなったことを嬉《うれ》しく思った。卓上《たくじょう》の白ゆりの花が鮮《あざ》やかである。人びとは、その花を忘《わす》れているようであった。

婦人部65年の歩み

✿1
1951年（昭和26年）6月10日
戸田第二代会長のもと、婦人部が結成。

1962年（昭和37年）9月5日
白ゆり合唱団が結成。

1968年（昭和43年）8月31日
婦人部幹部会で婦人部愛唱歌「今日も元気で」が発表。

1971年（昭和46年）10月4日
関西婦人部幹部会で長編詩「母」が発表。

1974年（昭和49年）
池田第三代会長（当時）の提案を受け、

戸田は、しばらくその花に目を移《うつ》し、笑いながら口を開いた。

「大した勢《いきお》いになったじゃないか。……戸田は、婦人部のために、皆さん方の人生のために、心から喜びたい。今夜を記念して、婦人部に一首《いっしゅ》、差し上げよう。こういう歌だ」

白ゆりの
　香りも高き
　　集いかな
　心の清《きよ》き
　　友どちなれば

（『人間革命』5巻、「随喜」の章より）

若手婦人部の掌握を開始。9月、ヤング・ミセスの全国組織ができあがる。

1976年（昭和51年）8月5日
池田先生出席のもと、婦人部の会合で「母」の曲が発表。

1978年（昭和53年）1月
「小単位学習・懇談」（後のグループ）が、この年から始まる。

1978年（昭和53年）6月7日
東京・信濃町に創価婦人会館（後の信濃文化会館）が落成。開館記念勤行会に池田先生が香峯子夫人とともに出席。

1978年（昭和53年）10月21日
婦人部歌「母の曲」誕生。

1979年（昭和54年）3月17日
婦人部国際部が発足。

池田先生は第1回全国婦人部幹部会で、「創価学会母の日」「婦人部旗」の作製を提案された。

「創価学会母の日」の淵源《えんげん》（✿2）

学会でもっとも大切な記念日である「5月3日」を「創価学会母の日」としたい。そして、6月10日の「婦人部の日」とともに〝広布《こうふ》の母〟である婦人部の皆《みな》さまを最大《さいだい》に讃《たた》え、その労《ろう》を顕彰《けんしょう》する日としてはどうかと思うが、いかがであろうか。

ご主人《しゅじん》や子どものために日夜《にちや》つくし、家庭《かてい》を守《まも》り、さらに「法《ほう》」のため、世界平和のために健気《けなげ》に奮闘《ふんとう》されている皆《みな》さまである。5月は、世間《せけん》で行《おこな》う第二日曜日の「母の日」に加《くわ》えて、学会の「母の日」を設《もう》け、婦人部の皆さまを二重《にじゅう》に祝福《しゅくふく》する月としたい。

1980年（昭和55年）12月17日
婦人平和委員会（後の女性平和委員会）が発足。

1986年（昭和61年）3月21日
白樺会が結成。

1986年（昭和61年）4月11日
池田先生が東京・北多摩圏（当時）のヤング・ミセス代表者会に出席。この日が「ヤング・ミセスの日」に。

✿2✿3
1988年（昭和63年）4月27日
第1回全国婦人部幹部会の席上、池田先生が5月3日を「創価学会母の日」としたいと提案。（この年の5月3日から実施）また、赤・黄・青の三色に白ゆりのデザインを配した「婦人部旗」の作製も

婦人部旗について（❀3）

これは私の一案であるが、新《あたら》しい婦人部旗のデザインを、たとえば「赤、黄、青」の三色旗《さんしょくき》にする。

そして、それぞれの色に「和楽《わらく》（赤）、求道《きゅうどう》（黄）、福運《ふくうん》（青）」、あるいは「勝利、栄光、平和」、「太陽、知性《ちせい》、広宣流布」の意義《いぎ》を象徴《しょうちょう》させるというように、広布《こうふ》への心をこめたデザインにする。

また、婦人部のシンボルの花ともいえる〝白ゆり〟を配《はい》してもよいのではないだろうか。

※ここから、現在の創価学会の旗も「赤、黄、青」の三色旗となった。

（第1回全国婦人部幹部会でのスピーチより）

提案。

同日、白ゆり大学校が結成。

1998年（平成10年）8月27日

地区担当員の名称を「地区婦人部長」、地区幹事の名称を「地区副婦人部長」とする制度がスタート。

1999年（平成11年）7月3日

デザイン関係のグループ「創峯会」、美容関係のグループ「華峯会」が結成。

2000年（平成12年）9月8日

創価世界女性会館がオープン。名誉館長である香峯子夫人が世界の婦人部の代表とともにテープカット。

池田大作先生夫妻が
創価世界女性会館を初訪問（✿4）

2000年9月9日、池田先生は創価世界女性会館を初訪問し、語った。

❋ ❋ ❋

いよいよ「女性の世紀」です。この平和の城《しろ》を、思う存分《ぞんぶん》、活用《かつよう》していただきたい。私は、婦人部・女子部の皆《みな》さまが、一人も残《のこ》らず、幸福になられるよう、勝利されるよう、毎日、真剣《しんけん》に祈《いの》っています。

✿4 **2000年（平成12年）9月9日**
創価世界女性会館に池田先生が香峯子夫人とともに初訪問。

2004年（平成16年）
各地の会合運営に携わる整理役員のグループを総称し「香城会」と命名。

2004年（平成16年）9月9日
ブロック担当員の名称を「白ゆり長」、副ブロック担当員を「副白ゆり長」とすることを発表。10月、婦人部のブロック長を「総白ゆり長」とすることを発表。

2008年（平成20年）1月
創価婦人会館（信濃文化会館）開館30周年。これまでに、池田先生が50回、香峯子夫人が607回訪問される。

❀ 婦人部　実践の五指針（✿5）

「絶対勝利の婦人部」

一、祈りからすべては始《はじ》まる
一、わが家《や》は和楽《わらく》の前進
一、後継《こうけい》の人材《じんざい》を伸《の》ばす
一、地域と社会を大切に
一、生き生きと体験《たいけん》を語る

❀ 婦人部グループ「モットー」（✿6）

皆《みな》で語り　皆で学び
皆が創価の幸福博士に！

✿5 **2009年（平成21年）3月31日**
婦人部の首都圏幹部会の席上、池田先生が贈った「婦人部 実践の五指針」が発表。

✿6 **2013年（平成25年）1月6日**
本部幹部会の席上、「グループのモットー」を発表。

2014年（平成26年）11月6日
第1回「世界女性平和会議」を開催。

2015年（平成27年）11月19日
第2回「世界女性平和会議」を開催。

2016年（平成28年）6月25日
婦人部結成65周年を記念して、創価世界女性会館に池田先生夫妻が訪問。

「母」の歌　碑文《ひぶん》

ああ　母は大地なり。
惜《お》しみなき慈愛《じあい》で生命を育《はぐく》んでくれる。
ああ　母は太陽なり。
わが命を燃やして皆を照らしてくれる。
日蓮大聖人の宣《のたま》わく
「悲母《ひも》の大恩《だいおん》ことに・ほう《報》じがたし」
母の恩に感謝し　母の幸福を祈《いの》る心から
正しき人生も平和な社会も生まれ出《い》ずる。
婦人部結成二十周年の一九七一年十月
尊《とうと》き広宣流布の母を讃《たた》え長編詩を贈《おく》りぬ。
詩を抜粋《ばっすい》し作曲を託《たく》せしは一九七六年夏
妙音《みょうおん》の奏者《そうしゃ》なる心清《きよ》き二人の乙女《おとめ》ありて
真心込めたる名曲「母」の歌は誕生す。
以来三十五星霜《せいそう》　この歌を口《くち》ずさみつつ
創価の女性は人生の幾山河《いくさんが》を踏《ふ》み越《こ》えて
民衆を睥睨《へいげい》する権力の魔性をも打ち破り
正義と和楽と歓喜の園《その》を世界に広げたり。
母の心を心として後継の王子王女も育《そだ》ち
「母」の歌は人間世紀の凱歌《がいか》と轟《とどろ》けり。
おお　明るい母の声こそ勇気の響《ひび》きなり。
母を思えば乗り越えられぬ試練《しれん》はない。
おお　賢《かしこ》き母の微笑《ほほえ》みこそ希望の光なり。
母に最敬礼《さいけいれい》する心が人類の未来を開く。
茲《ここ》に偉大なる母たちの健康長寿《ちょうじゅ》を祈《いの》り
三世の福徳《ふくとく》を念じて記念の歌碑《かひ》を建立《こんりゅう》す。
この歌の調《しら》べとともに地球上の母たちに
「冬は必ず春となる」の勝利の劇あれ！

二〇一一年六月十日
婦人部結成六十周年の佳節に
池田大作
香峯子

創価世界女性会館に設置されている「母」の歌の碑文より

池田大作先生指導集
幸福の花束——平和を創る女性の世紀へ

発行日　二〇一六年八月二十四日
第11刷　二〇一八年六月　一　日

編　者　創価学会婦人部
発行者　松　岡　資
発行所　聖　教　新　聞　社
〒一六〇-八〇七〇　東京都新宿区信濃町一八
電話〇三—三三五三—六一一一（大代表）
印刷所　NISSHA株式会社
製本所　大口製本印刷株式会社

＊

落丁・乱丁本はお取り替えいたします

定価は表紙に表示してあります
ISBN978-4-412-01607-1